NORBERT BERTHOLD

Wettbewerbsfähigkeit der deutschen Wirtschaft —
Gefahr im Verzug?

Wirtschaftspolitische Kolloquien
der Adolf-Weber-Stiftung

Wettbewerbsfähigkeit der deutschen Wirtschaft – Gefahr im Verzug?

Von

Norbert Berthold

DUNCKER & HUMBLOT / BERLIN

Die Deutsche Bibliothek – CIP-Einheitsaufnahme

Berthold, Norbert:
Wettbewerbsfähigkeit der deutschen Wirtschaft — Gefahr im Verzug? / von Norbert Berthold. — Berlin : Duncker und Humblot, 1992
(Wirtschaftspolitische Kolloquien der Adolf-Weber-Stiftung ; 19)
ISBN 3-428-07430-0
NE: Wirtschaftspolitisches Kolloquium: Wirtschaftspolitische Kolloquien der ...

Alle Rechte vorbehalten
© 1992 Duncker & Humblot GmbH, Berlin 41
Satz: Werksatz Marschall, Berlin 45
Druck: Berliner Buchdruckerei Union GmbH, Berlin 61
Printed in Germany

ISSN 0720-6879
ISBN 3-428-07430-0

Vorwort

Die deutsche Wirtschaftspolitik setzt seit Jahrzehnten, kontinuierlich und konsequent, auf Wettbewerb als Weg zu Wachstum und Wohlstand. Die Wirtschaftskraft der Bundesrepublik erlaubte den Verzicht auf Protektionismen, und sie wurde durch belebende Konkurrenz gesteigert. Doch seit einiger Zeit wird die Frage nach der Wettbewerbsfähigkeit der deutschen Wirtschaft gestellt; mit den Belastungen der Wiedervereinigung ist sie drängender geworden. Es gilt daher, sich auf ihre Grundbedingungen zu besinnen.

Ein Kolloquium der Adolf-Weber-Stiftung im Herbst 1991 in Frankfurt war diesem Problemkreis gewidmet. Das erweiterte Zentralreferat von Professor Dr. Norbert Berthold, Würzburg, erscheint nun als Band 19 in der Reihe der Wirtschaftspolitischen Kolloquien.

Adolf-Weber-Stiftung

Inhalt

1. Einleitende Bemerkungen 9
2. Wie hat sich der relative Wohlstand in der Bundesrepublik Deutschland entwickelt? 12
3. Wovon hängt es ab, wie wettbewerbsfähig eine Volkswirtschaft ist? 16
   3.1 Wann wird ein gegebener Bestand an Ressourcen effizient genutzt? 17
   3.2 Wovon hängt es ab, ob die nationale Ressourcenbasis optimal erweitert wird? 27
      3.2.1 Stärken Investitionen in Realkapital die Wettbewerbsfähigkeit? 29
      3.2.2 Wie beeinflussen Investitionen in Humankapital die Wettbewerbsfähigkeit? 38
      3.2.3 Wie wichtig ist der technische Fortschritt für die Wettbewerbsfähigkeit? 45
   3.3 Weshalb sind manche Volkswirtschaften erfolgreicher als andere? 52
4. Was beeinträchtigt die Wettbewerbsfähigkeit der deutschen Wirtschaft? 57
   4.1 Welche „hausgemachten" Faktoren beeinträchtigen die Wettbewerbsfähigkeit? 58
   4.2 Inwieweit beeinträchtigen internationale Faktoren die Wettbewerbsfähigkeit? 65
   4.3 Wie beeinflußt die Wiedervereinigung Deutschlands die Wettbewerbsfähigkeit der deutschen Wirtschaft? 68
5. Was sollte und was kann man tun, um die Wettbewerbsfähigkeit zu stärken? 74

Literatur 80

1. Einleitende Bemerkungen

Es ist schon bemerkenswert, daß die Wettbewerbsfähigkeit der deutschen Wirtschaft immer dann in Frage gestellt wird, wenn sich die traditionell hohen Überschüsse in der Leistungsbilanz verringern, wie dies zu Beginn der 80er Jahre der Fall war und auch heute wieder zutrifft. Diese Diskussion ist insofern erstaunlich, weil die Kehrseite von Defiziten in der Leistungsbilanz ein Nettozufluß von ausländischem Kapital ist. Wenn aber die persistent hohe Arbeitslosigkeit in der Bundesrepublik auch durch einen Mangel an Kapital verursacht wird und die langfristige Entwicklung des materiellen Wohlstandes einer Gesellschaft in starkem Maße davon abhängt, über wieviel Kapital eine Volkswirtschaft verfügt, dann führt eine Diskussion, die in den Defiziten der Leistungsbilanz einen Indikator für eine rückläufige Wettbewerbsfähigkeit der deutschen Wirtschaft sieht, zu falschen Schlüssen. Viel entscheidender scheint demgegenüber die Frage, wie attraktiv der Standort Bundesrepublik für die international mobilen Produktionsfaktoren ist (Giersch, 1989; Sinn, 1989). Ein Zustrom vor allem von Real- aber auch Humankapital würde nicht nur die Probleme der Arbeitslosigkeit lösen helfen, sondern auch mit dazu beitragen, den Lebensstandard in den neuen Bundesländern zu steigern und den relativ hohen Lebensstandard in den alten Ländern zu sichern und zu erhöhen.

Damit ist auch die oft gegebene Antwort auf die Frage, was man unter der Wettbewerbsfähigkeit eines

1. Einleitende Bemerkungen

Landes versteht, eher vordergründig, wenn sie nur auf die Fähigkeit einer Volkswirtschaft abstellt, auf den Weltmärkten erfolgreich zu sein und diese Erfolge beispielsweise an der relativen Entwicklung der Stückkosten, der Preise und Weltmarktanteile verschiedener Anbieter oder der realen Wechselkurse mißt (Orlowski, 1982; Jürgensen, 1986). Eine bessere Antwort dürfte lauten, daß eine Volkswirtschaft immer dann wettbewerbsfähig ist, wenn es ihren wirtschaftlichen Akteuren — Haushalte, Unternehmungen und politische Entscheidungsträger — gelingt, die Ressourcen so einzusetzen, daß ein möglichst hoher Wohlstand erreicht wird (Vollmer, 1986; Blattner u. a., 1987). Damit geht es aber nicht nur darum, einen gegebenen Bestand an Ressourcen in der internationalen Arbeitsteilung so zu nutzen, daß sie in der produktivsten Verwendung eingesetzt wird, sondern es erscheint auch sinnvoll, die Ressourcenbasis durch eigene Anstrengungen oder durch Rückgriff auf ausländische Ressourcen optimal zu erweitern, um über ein höheres wirtschaftliches Wachstum den materiellen Wohlstand zu erhöhen. Die Wettbewerbsfähigkeit eines Landes zeigt sich somit vor allem darin, inwieweit es seinen wirtschaftlichen Akteuren gelingt, ein hohes Realeinkommen zu erzielen, es zu verteidigen und wenn möglich noch zu steigern.

Die weitere Vorgehensweise ist damit klar. In einem ersten Schritt soll der Frage nachgegangen werden, wie sich der relative wirtschaftliche Wohlstand in der Bundesrepublik in den letzten Jahrzehnten entwickelt hat. Danach soll in einem weiteren Schritt gefragt werden, wovon es wirklich abhängt, ob die wirtschaftlichen Akteure eines Landes erfolgreich sind. In einem dritten

1. Einleitende Bemerkungen

Schritt soll dann untersucht werden, welche Faktoren in der Bundesrepublik möglicherweise einen solchen Erfolg behindern. Schließlich soll in einem letzten Schritt gefragt werden, was man tun sollte, damit der materielle Lebensstandard in der gesamten Bundesrepublik auch in Zukunft hoch bleibt.

2. Wie hat sich der relative Wohlstand in der Bundesrepublik Deutschland entwickelt?

Es läßt sich trefflich darüber streiten, an welchen Größen man am besten ablesen kann, wie sich der relative Wohlstand einer Volkswirtschaft entwickelt. Zwei Indikatoren sind allerdings als erste Anhaltspunkte trotz einiger möglicher Einwände weitgehend unumstritten: Die Höhe der Arbeitslosenquote und des relativen pro-Kopf-Einkommens. Wenn in einer Volkswirtschaft ein hoher Anteil der Erwerbspersonen längerfristig unfreiwillig ohne Arbeit ist, dann kann dies nur bedeuten, daß ein Teil der knappen Ressourcen nicht optimal genutzt wird. Aber auch ein relativ niedriges pro-Kopf-Einkommen zeigt an, daß es den wirtschaftlichen Akteuren der Volkswirtschaft nicht nur mißlingt, die vorhandenen Ressourcen in ihrer produktivsten Verwendung einzusetzen, sondern daß sie auch nicht in der Lage sind, ihre Ressourcenbasis optimal zu erweitern. Damit sollte aber auch klar sein, daß eine effiziente Nutzung der Ressourcen nicht nur zu einer niedrigen Arbeitslosigkeit beiträgt, sondern letztlich auch die Quelle des wirtschaftlichen Wachstum ist.

Ein Blick auf die empirischen Fakten zeigt, daß die Arbeitslosigkeit in allen westlichen Industriestaaten im Zuge der beiden Ölpreiskrisen seit Mitte der 70er Jahre teilweise beträchtlich angestiegen ist. Dabei erhöhte sich aber die Arbeitslosenquote in den europäischen Ländern und den Vereinigten Staaten wesentlich stärker als in Japan.

2. Entwicklung des relativen Wohlstands

Abb. 1: Entwicklung der Arbeitslosigkeit in wichtigen Industrieländern (1955-1990)

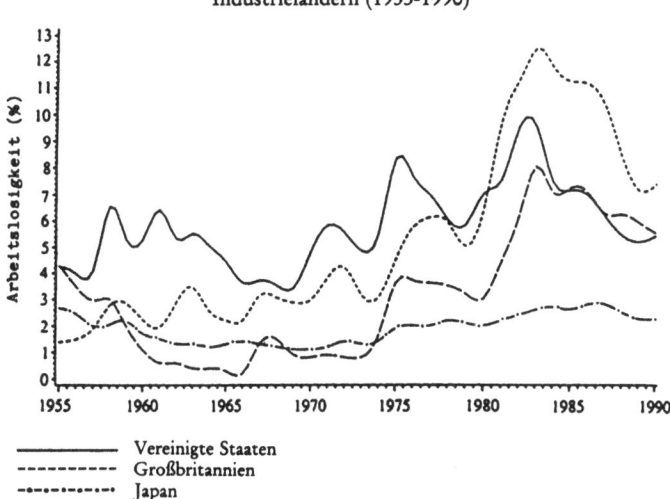

——————— Vereinigte Staaten
---------- Großbritannien
—·—·—·—·— Japan
— — — — West Deutschland

Quelle: Michell, Stephen: „Unemployment: A Survey", in: The Economic Journal, 100 (June 1990), S. 391-439.

Erstaunlich ist nun allerdings dreierlei: (1) Die Arbeitslosigkeit in den meisten europäischen Ländern erweist sich seither als wesentlich persistenter als in den Vereinigten Staaten oder auch in Japan. Die Arbeitslosigkeit weist somit vor allem in Europa „hysteresische" Züge auf. (2) Gerade in diesen beiden Ländern hat die Beschäftigung in den 80er Jahren bei allerdings stark unterschiedlicher Entwicklung der Produktivität beträchtlich zugenommen, während sie in den europäischen Ländern weitgehend stagnierte. (3) Der Anteil der Langzeitarbeitslosen hat in den europäischen Ländern an Bedeutung gewonnen und die inflationsneutrale Arbeitslosenquote (NAIRU) stark erhöht. Die Instrumente der traditionellen Beschäftigungspolitik

2. Entwicklung des relativen Wohlstands

werden aber in dieser Situation, in der die Arbeitslosigkeit hysteresische Züge aufweist, weitgehend wirkungslos.

Wenn man diese Entwicklung auf den nationalen Arbeitsmärkten isoliert betrachtet, dann scheint die Bundesrepublik — auch schon vor der Wiedervereinigung Deutschlands — seit Anfang der 70er Jahre an Wettbewerbsfähigkeit verloren zu haben. Man muß die Allokation der Ressourcen wohl als gestört ansehen, wenn knappe Produktionsfaktoren über Jahre hinweg in beträchtlichem Umfang ungenutzt bleiben und von den noch beschäftigten Ressourcen alimentiert werden müssen. Eine Reihe von Volkswirtschaften, mit denen wir uns immer wieder vergleichen, schneiden wesentlich besser ab.

Dieser eher negative Eindruck wird zwar etwas relativiert, bleibt aber der Tendenz nach erhalten, wenn wir uns einmal ansehen, wie sich die relativen pro-Kopf-Einkommen der letzten vier Jahrzehnte in den wichtigsten westlichen industrialisierten Ländern entwickelt haben.

Dabei zeigt sich viererlei: (1) Die pro-Kopf-Einkommen der wichtigsten Industrieländer scheinen zu konvergieren. Dies ist ein Phänomen, das sich aber auch für die regionale Entwicklung der Einkommen in der Europäischen Gemeinschaft (Ben-David, 1991) und den Vereinigten Staaten beobachten läßt (Barro, 1989). (2) Obwohl die anderen Länder, wie auch die Bundesrepublik, gegenüber den Vereinigten Staaten stark aufgeholt haben, weisen diese doch nach wie vor das absolut und relativ höchste pro-Kopf-Einkommen auf. (3) Am weitesten vorangekommen ist Japan, das ein Land wie

2. Entwicklung des relativen Wohlstands

Großbritannien schon zu Beginn der 80er Jahre überholte, Frankreich Mitte der 80er Jahre einholte und der Bundesrepublik inzwischen auf den Fersen ist. (4) Die relativen pro-Kopf-Einkommen in der Bundesrepublik stagnieren schon seit Anfang der 60er Jahre. Dies alles kann als ein Indiz dafür angesehen werden, daß die Bundesrepublik die eigenen und fremden Ressourcen seit Anfang der 50er Jahre zwar effizienter als die Vereinigten Staaten nutzt, gegenüber Japan aber seit Anfang der 60er Jahre offensichtlich Nachteile aufweist.

Abb. 2: Entwicklung der relativen pro-Kopf-Einkommen in wichtigen Industrieländern (1950-1985), in vH

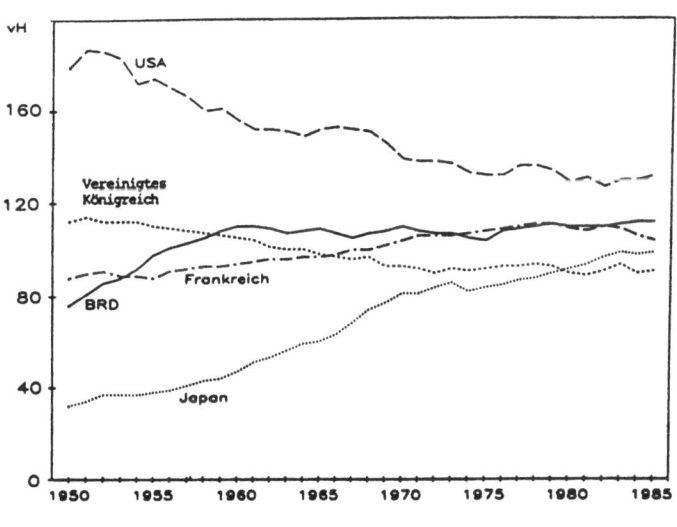

Quelle: Sinn (1989).

3. Wovon hängt es ab, wie wettbewerbsfähig eine Volkswirtschaft ist?

Wenn man nun die Frage stellt, weshalb es in manchen Volkswirtschaften gelingt, für einen weit überwiegenden Teil der Wirtschaftssubjekte über Jahrzehnte hinweg einen relativ hohen Lebensstandard zu sichern, andere Volkswirtschaften demgegenüber nicht nur eine persistent hohe Arbeitslosigkeit aufweisen, sondern auch das pro-Kopf-Einkommen relativ bescheiden ausfällt, dann kann die Antwort nur lauten, daß die wirtschaftlichen Akteure in den Volkswirtschaften die Ressourcen offensichtlich unterschiedlich effizient nutzen. Dies kann der Fall sein, weil es ihnen in ganz unterschiedlichem Maße gelingt, einen gegebenen Bestand an Ressourcen in die produktivste Verwendung zu bringen und/oder weil sie mehr oder weniger erfolgreich sind, den ihnen zur Verfügung stehenden Bestand an Ressourcen optimal zu erweitern. Damit stellen sich aber drei Fragen, auf die wir eine Antwort finden müssen: 1) Wann gelingt es den wirtschaftlichen Akteuren in Volkswirtschaften, einen gegebenen Bestand an Ressourcen effizient zu nutzen? 2) Wovon hängt es letztlich ab, ob die Wirtschaftssubjekte ihre nationale Ressourcenbasis tatsächlich optimal erweitern? 3) Was sind die Gründe, weshalb die wirtschaftlichen Akteure in einigen Volkswirtschaften erfolgreicher sind als in anderen?

3.1. Effiziente Nutzung des Ressourcenbestandes

3.1 Wann wird ein gegebener Bestand an Ressourcen effizient genutzt?

Wie effizient die wirtschaftlichen Akteure von Volkswirtschaften ihre Ressourcen letztlich einsetzen, hängt im wesentlichen von drei Faktoren ab: 1) Von der Fähigkeit, ihre komparativen Vorteile in der internationalen Arbeitsteilung zu nutzen, 2) von der „Anpassungslast", die eine Volkswirtschaft wegen permanenter Datenänderungen bewältigen muß und 3) von der „Anpassungskapazität", mit der es ihr gelingt, sich immer wieder an neue wirtschaftliche Gegebenheiten anzupassen.

1. Es ist inzwischen weitgehend unbestritten, daß eine Volkswirtschaft ihre Ressourcen effizienter nutzen kann, wenn sie in den Prozeß der internationalen Arbeitsteilung eingebunden ist. Die internationale Arbeitsteilung versetzt nämlich die beteiligten Länder in die Lage, sich auf die Produktion der Güter zu spezialisieren, bei denen sie entweder komparative Vorteile wegen unterschiedlicher Faktorausstattung haben oder aber bestehende Unvollkommenheiten auf den Gütermärkten wegen „economies of scale", differenzierten Produkten oder unvollkommener Konkurrenz besser als andere ausbeuten können. Damit können sie aber bei gegebener Ausstattung mit Ressourcen zusätzliche Einkommen und Vermögen erzielen.

a) Diese Vorteile des inter- und intra-industriellen Handels lassen sich für ein Land allerdings nur dann realisieren, wenn nicht nur die Weltmärkte offen sind, sondern auch auf dem eigenen nationalen Markt keine Zugangsbeschränkungen existieren. Wird demgegen-

3. Wovon hängt die Wettbewerbsfähigkeit ab?

über der Zugang zu den Gütermärkten durch protektionistische Aktivitäten behindert, können die Wohlfahrtsgewinne, die durch eine Arbeitsteilung im weltweiten Raum entstehen, nicht realisiert werden. Wie effizient letztlich die Ressourcen genutzt werden, hängt somit entscheidend davon ab, inwieweit es gelingt, den weltweiten Protektionismus einzudämmen, der sich im letzten Jahrzehnt aufgebaut hat.

Die protektionistischen Aktivitäten scheinen seit Beginn der 70er Jahre vor allem in den Sektoren Eisen und Stahl, Bekleidung sowie landwirtschaftliche Produkte stark zugenommen zu haben. Während das GATT schätzte, daß Mitte der 80er Jahre über 40 % des gesamten Welthandels behindert wurde, kam eine UNCTAD-Studie zu dem Ergebnis, daß nicht-tarifäre Handelshemmnisse im Jahre 1987 über ein Viertel der Importe erfaßten (UNCTAD, 1988). Sie entwickelten sich vor allem in den 80er Jahren sehr dynamisch: Die von nicht-tarifären Handelshemmnissen betroffenen Importe stiegen zwischen 1981 und 1987 um über 20 %. Während sie in den Vereinigten Staaten über- und in der Europäischen Gemeinschaft unterdurchschnittlich wuchsen, hat Japan den protektionistischen Schutz in dieser Zeit eher leicht abgebaut.

Die eigentlich interessante Frage ist nun aber, ob die weltweit gestiegenen protektionistischen Aktivitäten den internationalen Handel tatsächlich stark behindert haben. Eine Antwort auf diese Frage ist leichter möglich, wenn man sich einmal anschaut, wie sich das Welthandelsvolumen und die Weltproduktion in diesem Zeitraum entwickelt haben.

3.1. Effiziente Nutzung des Ressourcenbestandes 19

Tab. 1: Entwicklung des Welthandelsvolumens und der Weltproduktion (1960-1988) in vH

	1960-1970	1970-1980	1980-1985	1986	1987	1988
Warenexport	8,5	5,0	2,8	4,0	5,5	8,5
Agrarerzeugnisse	4,0	4,5	1,6	-1,0	6,0	4,0
Mineralische Rohstoffe	7,0	1,5	-3,7	7,5	2,0	7,0
Industriewaren	10,5	7,0	4,7	4,0	6,5	10,5
Warenproduktion	6,0	4,0	2,1	3,0	3,0	5,5
Agrarerzeugnisse	2,5	2,0	2,8	1,0	0,0	-2,0
Mineralische Rohstoffe	5,5	2,5	-2,5	4,5	1,0	6,5
Industriewaren	7,5	4,5	2,5	3,5	4,5	7,0

a) Durchschnittliche jährliche Veränderungsrate.
Quelle: Klodt u. a. (1989).

3. Wovon hängt die Wettbewerbsfähigkeit ab?

Dabei zeigt sich, daß die Warenexporte seit Anfang der 70er Jahre mit deutlich geringeren Raten wuchsen. Ob dies allerdings darauf zurückgeführt werden kann, wie dies bisweilen behauptet wird, daß die protektionistischen Aktivitäten weltweit stark anstiegen, scheint eher zweifelhaft. Wenn man sich nämlich einmal anschaut, wie sich die Warenproduktion in diesem Zeitraum entwickelt hat, dann stellt man fest, daß sie ebenfalls mit geringeren Raten wuchs. Es liegt deshalb nahe zu vermuten, daß vor allem die seit Mitte der 70er Jahre weltweit ungünstige wirtschaftliche Entwicklung dafür verantwortlich ist, daß der Welthandel bis Mitte der 80er Jahre nur noch mit geringeren Raten zunahm. Seit der in der zweiten Hälfte der 80er Jahre einsetzenden weltweiten konjunkturellen Erholung wächst auch der weltweite Handel wieder. Aber selbst wenn die Entwicklung des Welthandels stark von der weltweiten konjunkturellen Entwicklung bestimmt wird, besteht auch in der Zukunft eine wichtige ordnungspolitische Aufgabe darin, die protektionistischen Schranken weltweit abzubauen, um die Vorteile der internationalen Arbeitsteilung auch effizient nutzen zu können.

b) Diese Vorteile können aber auch dann nicht voll genutzt werden, wenn die Wechselkurse erratisch schwanken und die Allokation der Ressourcen verzerren. Die seit dem Zusammenbruch des Systems von Bretton-Woods und dem Übergang zu flexiblen Wechselkursen außerhalb des Europäischen Währungssystems (EWS) stark schwankenden nominellen und realen Wechselkurse lassen vermuten, daß sich die Preise auf den Devisenmärkten nicht an den fundamentalen makro-ökonomischen Daten orientieren, sondern scheinbar erratisch schwanken und Veränderungen

3.1. Effiziente Nutzung des Ressourcenbestandes 21

kurzfristig nicht oder nur sehr schlecht prognostizierbar sind. Damit wird es aber wahrscheinlich, daß die relativen Preise verzerrt und die Ressourcen nicht nur kurzfristig, sondern wegen sogenannter „Hysterese-Effekte" auch mittel- und langfristig nicht in ihrer produktivsten Verwendung eingesetzt werden (Marston, 1988). Dies bedeutet aber auch, daß die Länder weniger wettbewerbsfähig sind (Arndt/Bouton, 1987).

Abb. 3: Effektive reale Wechselkurse wichtiger Währungen (1979-1991)

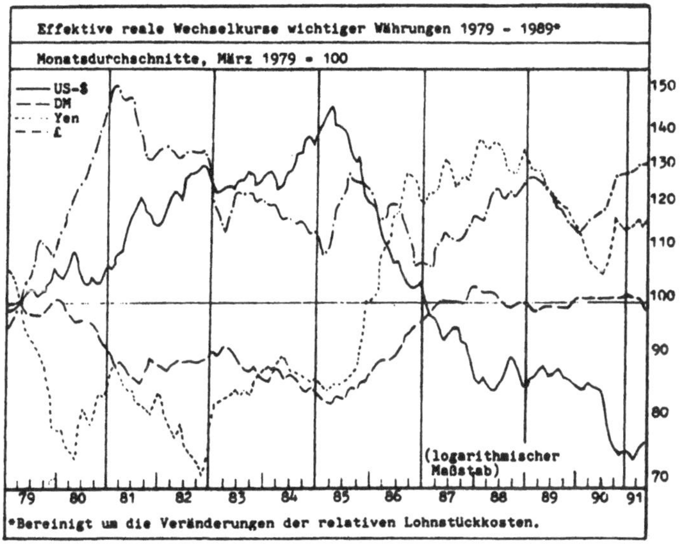

Quelle: BIZ (1991).

Die Entwicklung der effektiven realen Wechselkurse zeigt, daß sowohl die DM als auch der japanische Yen seit Anfang der 80er Jahre beständig an Wert verloren, seit Mitte der 80er allerdings entweder, wie die DM, auf

3. Wovon hängt die Wettbewerbsfähigkeit ab?

das Niveau zu Beginn der 80er Jahre zurückkehrten oder aber, wie der Yen, weit über dieses Niveau hinaus anstiegen. Der amerikanische Dollar entwickelte sich in dieser Zeit genau gegenläufig zu den beiden anderen Währungen. Er stieg bis Mitte der 80er Jahre und verliert seit dieser Zeit an Wert.

Damit stellt sich aber die Frage, weshalb die sowohl nominellen als auch realen Wechselkurse so stark schwanken. Während die einen der Meinung sind, daß die Währungsrelationen beträchtlichen Schwankungen unterliegen, weil die Devisenmärkte versagen, weisen andere darauf hin, daß erratisch schwankende Wechselkurse viel eher das Ergebnis wirtschaftspolitischer Aktivitäten sind. Die erste Ansicht wird damit begründet, daß die Akteure auf den Devisenmärkten zum einen unzureichend informiert sind, nur asymmetrischen Zugang zu den relevanten Informationen haben und eher auf „noise" als auf „news" reagieren und zum anderen ihre Erwartungen nicht rational bilden, sondern sich, wie das Phänomen „irrationaler spekulativer Blasen" zeigt, scheinbar irrational verhalten und destabilisierende spekulative Aktivitäten, wie es „rationale spekulative Blasen" nahelegen, gewinnbringend sein können (Dornbusch/Frankel, 1988). Die Kritiker dieser These weisen darauf hin, daß die stark schwankenden Wechselkurse zum einen auf reale, für die einzelne Volkswirtschaft exogene Schocks, wie steigende Preise für natürliche Rohstoffe, Angebotsschocks und finanzielle Innovationen (Fischer, 1988), aber auch auf interne monetäre und reale Politikschocks zurückzuführen sind und zum anderen „sklerotisierte" Güter- und Faktormärkte aber auch staatliche Eingriffe in die Devisenmärkte die Schwankungen der Kurse verstärken. Wenn makro-

3.1. Effiziente Nutzung des Ressourcenbestandes 23

politische Aktivitäten die „Anpassungslast" von Volkswirtschaften erhöhen und mikro-politische Interventionen die „Anpassungskapazität" verringern, dann sind stark schwankende Wechselkurse nicht nur Ursache für gesamtwirtschaftliche Fehlentwicklungen, sondern auch das Ergebnis wirtschaftspolitischer Aktivitäten und Fehler (Frenkel, 1989). Will man die allokationsverzerrenden Wirkungen stark schwankender Wechselkurse eindämmen, muß man somit nicht nur die makro-politischen Störungen verringern, sondern auch die mikro-politischen Eingriffe vermindern.

2. Wie effizient die wirtschaftlichen Akteure in Volkswirtschaften ihre Ressourcen nutzen, hängt nun aber auch davon ab, welche „Anpassungslasten" sie bewältigen müssen. Alle Volkswirtschaften werden mit einer Vielzahl von Datenänderungen konfrontiert, die zunächst auf Güter- und Faktormärkten ungleichgewichtige Tendenzen auslösen, damit das bestehende allokative Muster suboptimal werden lassen und eine neue Allokation der Ressourcen notwendig machen. Diese Veränderungen in den wirtschaftlichen Gegebenheiten können zum einen darauf beruhen, daß sich die volkswirtschaftlichen Daten — Arbeit, Boden, Kapital, die Präferenzen der Wirtschaftssubjekte, die Technologie, mit der Unternehmungen produzieren oder der ordnungspolitische Rahmen — ändern. Sie können zum anderen aber auch durch die Aktivitäten der politischen Entscheidungsträger — Politiker und Bürokraten — sowohl in Form mikro- als auch makro-ökonomischer Schocks ausgelöst werden. Damit ist allerdings auch klar, daß Volkswirtschaften, die stärker in den Prozeß der internationalen Arbeitsteilung eingebunden sind, auch öfter mit solchen „originären" und „politisch

3. Wovon hängt die Wettbewerbsfähigkeit ab?

verursachten" Datenänderungen konfrontiert werden. Dies ist der Preis, den man für die Vorteile der internationalen Arbeitsteilung zahlen muß.

Während sich die „originären" Datenänderungen nicht nur nicht vermeiden lassen, sondern für die wirtschaftliche Entwicklung eines Landes, wie wir gleich noch sehen werden, sogar unabdingbar sind, muß man die „politisch verursachten" Datenänderungen wohl differenzierter beurteilen. Vor allem unstetige monetäre und fiskalische makro-politische Aktivitäten vergrößern die „Anpassungslasten" von Volkswirtschaften unnötigerweise. Damit ist auch offensichtlich, weshalb stetige nationale geld- und fiskalpolitische Aktivitäten helfen können, die Ressourcen effizient zu nutzen.

3. Nun sind aber solche Datenänderungen für eine Volkswirtschaft relativ unproblematisch, wenn es ihr mit minimalen Kosten gelingt, eine neue allokative Struktur zu verwirklichen. Dies ist aber nur möglich, wenn die „Anpassungskapazität" der Volkswirtschaft relativ hoch ist. Damit kommt es aber ganz entscheidend darauf an, wie flexibel die relativen Preise und wie mobil die Produktionsfaktoren sind. Die relativen Preise reagieren um so flexibler auf Störungen und die Faktoren wandern um so schneller in die neuen Verwendungsarten, je intensiver der Wettbewerb auf den Güter- und Faktormärkten ausfällt. Wenn eine Volkswirtschaft stark in den Prozeß der internationalen Arbeitsteilung eingebunden ist, verstärkt dies somit den Druck, den der internationale Wettbewerb auf die wirtschaftlichen Akteure ausübt und macht nicht nur die relativen Preise flexibler, sondern auch die Produktionsfaktoren mobiler.

3.1. Effiziente Nutzung des Ressourcenbestandes 25

Tatsächlich sind aber die Märkte im allgemeinen weder auf nationaler noch auf internationaler Ebene so offen, wie dies erforderlich wäre, um nach Datenänderungen schnell und mit minimalen Kosten die Ressourcen wieder effizient zu nutzen. Was verhindert nun aber, daß der Wettbewerb nicht intensiv genug ausfällt und damit Ressourcen — auch wegen einer verzerrten internationalen Arbeitsteilung — verschwendet werden? Ein Grund liegt sicherlich darin, daß es für die Anbieter auf Güter- und Faktormärkten lohnend sein kann, sich abzusprechen. Dies ist beispielsweise der Fall, wenn man sich auf Gütermärkten auf kartellähnliche Absprachen zu Lasten der Konsumenten einigt oder auf Arbeitsmärkten die Arbeitsplatzbesitzer — insider — Lohnabschlüsse durchsetzen, die zwar ihr reales Einkommen erhöhen, den Arbeitslosen — outsidern — aber keine Möglichkeit lassen, Arbeit zu finden. Oft läßt sich allerdings der Wettbewerb durch die privaten Akteure nur wirkungsvoll einschränken, wenn staatliche Instanzen dabei tatkräftig mithelfen. Die vielfältigen Regulierungen auf nationalen Güter- und Faktormärkten aber auch die unzähligen Behinderungen im internationalen Handel und der Wanderung der Produktionsfaktoren zeigen, wie hilfreich staatliche Eingriffe für die privaten Akteure auf den Märkten sind, wenn diese den Wettbewerb beschränken wollen.

Ein Blick in die Realität zeigt nun aber, daß der Wettbewerb auf den nationalen Märkten der Volkswirtschaften offensichtlich ganz unterschiedlich intensiv ist, die Märkte mehr oder weniger flexibel auf Datenänderungen reagieren und deshalb die Ressourcen ganz verschieden effizient genutzt werden. Dies

3. Wovon hängt die Wettbewerbsfähigkeit ab?

kann man sehr schön erkennen, wenn man einmal die Arbeitsmärkte der wichtigsten Industriestaaten betrachtet. Dabei zeigt sich, daß ein eindeutiger Zusammenhang zwischen der Flexibilität der relativen Preise auf den Arbeitsmärkten und der Höhe der Arbeitslosigkeit existiert. Die Volkswirtschaften, die wie beispielsweise die Vereinigten Staaten oder auch Japan relativ flexible Reallöhne haben, weisen auch eine realtiv geringe Arbeitslosigkeit auf, während Länder, wie beispielsweise Großbritannien oder auch die Bundesrepublik, deren Reallöhne wenig flexibel sind, die Arbeitskräfte offensichtlich wenig effizient nutzen.

Es wird nun bisweilen die These vertreten, daß eine Volkswirtschaft auf die Vorteile der internationalen Arbeitsteilung nicht verzichten muß, auch wenn die Reallöhne inflexibel sind. In einem System flexibler Wechselkurse sorgen variable Währungsrelationen dafür, daß einem Land die komparativen Vorteile trotz eines überhöhten realen Kostenniveaus erhalten bleiben. Wenn in einer Branche, die komparative Kostenvorteile hat, die realen Lohnkosten wegen inflexibler Reallöhne zu hoch werden, wertet sich die inländische Währung ab. Damit kommen aber andere Branchen, die bisher keine komparativen Vorteile hatten, in den Genuß solcher Vorteile. Inflexible relative Preise verändern somit bei flexiblen Wechselkursen nicht nur das Muster der internationalen Spezialisierung, sondern auch die Struktur der gesamtwirtschaftlichen Nachfrage. Damit wird aber offensichtlich, daß die inländische Arbeitslosigkeit trotz inflexibler Reallöhne nur dann nicht ansteigt, wenn sich die Produktionsfaktoren dem

3.1. Effiziente Nutzung des Ressourcenbestandes 27

Abb. 4: Reallohnrigidität und Arbeitslosigkeit

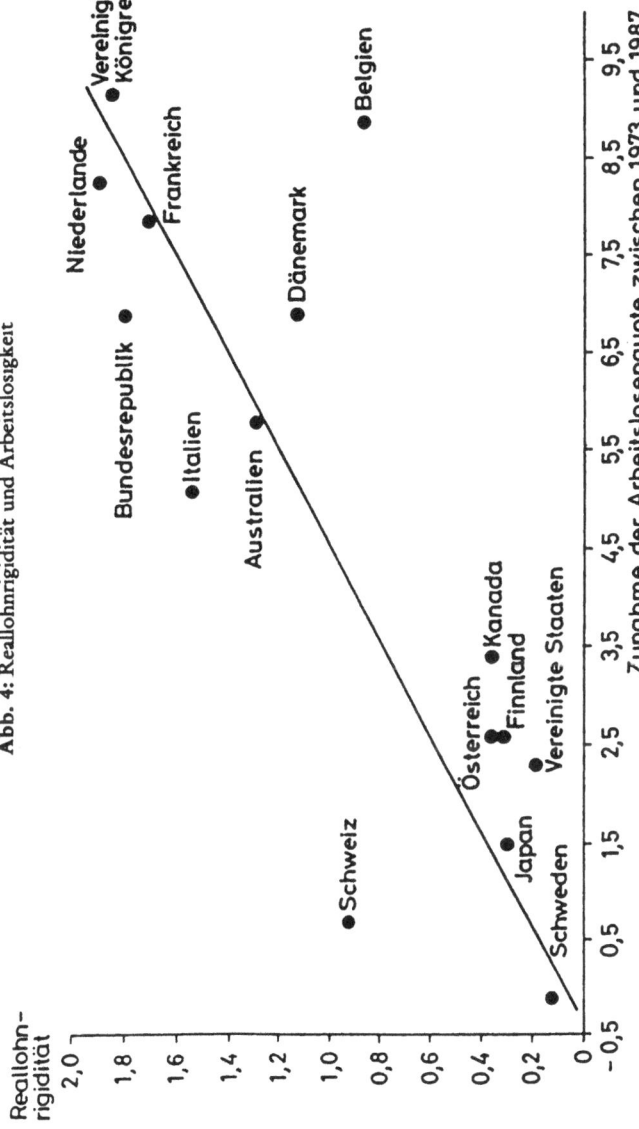

a) Meßgröße für die Reallohnrigidität ist der kombinierte Effekt von Änderungen im Preisniveau und der Höhe der Arbeitslosenquote auf das Lohnniveau [vgl. OECD, 1989, S. 29].

Quelle: Soltwedel (1989).

3. Wovon hängt die Wettbewerbsfähigkeit ab?

strukturellen Wandel auch wirklich stellen (van Suntum, 1986, 498-500). Dies macht es nicht nur erforderlich, daß sich die Lohnstruktur an die neuen wirtschaftlichen Gegebenheiten anpaßt, sondern die Produktionsfaktoren auch entsprechend mobil sind. Genau das scheint aber wegen vielfältiger staatlicher Eingriffe auf den Märkten nicht der Fall zu sein.

3.2 Wovon hängt es ab, ob die nationale Ressourcenbasis optimal erweitert wird?

Wie sich der Wohlstand der Bürger eines Landes längerfristig entwickelt, hängt nun aber nicht nur davon ab, ob man in der Lage ist, einen gegebenen Bestand an Ressourcen in einer arbeitsteiligen Welt effizient zu nutzen, sondern wohl ganz entscheidend auch davon, inwieweit es gelingt, die national verfügbare Ressourcenbasis — weniger qualifizierte Arbeit, Humankapital, Realkapital und technologisches Wissen — optimal zu verbreitern (Romer, 1990; Sala-i-Martin, 1990). Die eigentlich interessante Frage dabei ist allerdings, ob die Mitglieder einer Volkswirtschaft die größere Ressourcenbasis durch eigene Anstrengungen und einen zumindest temporären Konsumverzicht selbst erst schaffen müssen oder aber, ob es ihnen vielleicht gelingt, auch Anstrengungen ausländischer Wirtschaftssubjekte zu nutzen und auf deren Ressourcen zurückzugreifen.

3.2.1 Stärken Investitionen in Realkapital die Wettbewerbsfähigkeit?

Die wirtschaftlichen Akteure einer Volkswirtschaft können nicht nur das Niveau, sondern auch die Wachstumsrate des pro-Kopf-Einkommens beträchtlich erhöhen, wenn es ihnen gelingt, den Bestand an Realkapital aufzustocken. Die Gründe, weshalb ein wachsender Realkapitalstock die pro-Kopf-Einkommen steigen läßt, liegen auf drei unterschiedlichen Ebenen: (1) Wenn Arbeit durch relativ billigeres Kapital ersetzt wird, dann steigt zwangsläufig auch die Arbeitsproduktivität, ohne daß sich die Technologie verändern muß. (2) Ein wachsender Kapitalstock bleibt nicht ohne Einfluß auf das Niveau und die Rate des technischen Fortschritts, da zu „altem" auch produktiveres „neues" Kapital eingesetzt wird, „learning by doing"-Effekte auftreten und technologische „spillovers" wahrscheinlich sind (Romer, 1990). Damit steigt aber auch die Produktivität aller Produktionsfaktoren. Empirisch kann man feststellen, daß fast die Hälfte der Produktivitätssteigerungen in den Vereinigten Staaten seit Ende des 2. Weltkrieges auf diese beiden Faktoren — Kapital-Arbeit und Kapital-Kapital — zurückzuführen ist (Jorgenson, 1990, 408). (3) Erhöht man den Kapitalstock in einer Volkswirtschaft, verbessert man nicht nur die komparativen Vorteile im Handel mit kapital-, sondern wegen des engen Zusammenhangs zwischen Realkapital und technischem Fortschritt auch mit technologieintensiven Gütern. Der verstärkte internationale Handel erhöht aber die Kontakte mit dem Ausland und vermehrt somit das „Wissenskapital" einer Volkswirtschaft (Grossman/Helpman, 1990).

3. Wovon hängt die Wettbewerbsfähigkeit ab?

Da nun aber das Realkapital nicht wie „Manna vom Himmel" fällt, sondern erst geschaffen werden muß, allerdings nur geschaffen werden kann, wenn auch jemand bereit ist, zumindest temporär auf Konsum zu verzichten, stellt sich die Frage, ob dies die Wirtschaftssubjekte der Volkswirtschaft sein müssen, in der der Realkapitalstock erhöht werden soll. Ein Blick auf die empirischen Fakten zeigt, daß ein sehr enger Zusammenhang zwischen der nationalen Sparquote und der Wachstumsrate sowohl der Reallöhne als auch des Bruttoinlandsproduktes pro Kopf besteht. Dies gilt nicht nur für die 60er und 70er, sondern auch für die 80er Jahre. Dabei scheint die Bundesrepublik in den 80er Jahren vor allem gegenüber Japan an Boden verloren zu haben.

Dieser Zusammenhang hätte in der Ökonomie wohl kaum für Aufregung gesorgt, da sich sowohl keynesianische als auch neoklassische Ökonomen bestätigt fühlen können, wenn man nicht auch festgestellt hätte, daß eine enge Korrelation zwischen der nationalen Spar- und Investitionsquote besteht (Feldstein/Horioka, 1980). Nun könnte man dieses Ergebnis als eine bloße Bestätigung der neoklassischen Theorie auffassen, wonach eine kausale Beziehung zwischen Sparen und Investieren besteht. Eine solche Interpretation verkennt aber, daß man in einer offenen Volkswirtschaft nicht zwingend eigene Sparanstrengung unternehmen muß, sondern auch auf die Ersparnisse des Auslandes zurückgreifen kann. Damit müßte sich aber bei offenen Kapitalmärkten der Zusammenhang zwischen der nationalen Spar- und Investitionsquote entscheidend lockern.

Das Feldstein-Horioka-Paradoxon löst sich auf, wenn man berücksichtigt, daß in den 60er und 70er

3.2.1. Realkapitalinvestitionen

Abb. 5: Ersparnis, Reallöhne und reales Bruttoinlandsprodukt pro Kopf

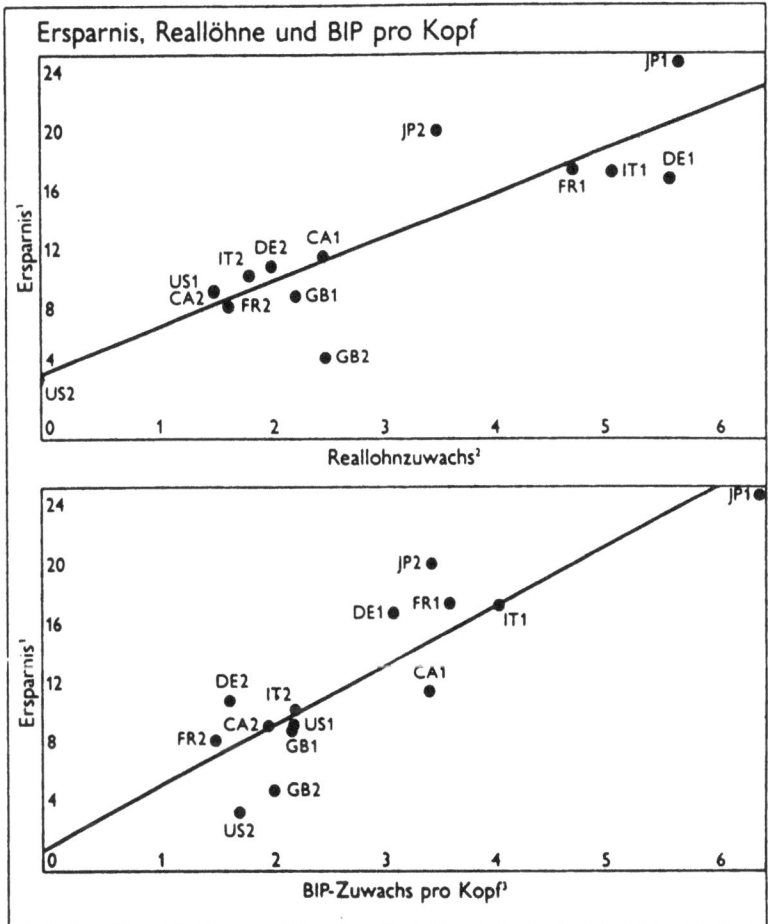

Anmerkung: US = USA; JP = Japan; DE = Deutschland; FR = Frankreich; GB = Großbritannien; IT = Italien; CA = Kanada. „1" nach den Ländernamen bezieht sich auf den Zeitraum 1960-79 (1963-79 für Reallöhne) und „2" auf den Zeitraum 1980-89. Die Regressionslinien wurden unter Verwendung aller Datenpunkte berechnet.

Durchschnittliche gesamtwirtschaftliche Nettoersparnis in Prozent des Volkseinkommens. ² Durchschnittlicher jährlicher Anstieg der Löhne im verarbeitenden Gewerbe abzüglich der Jahresveränderung der Verbraucherpreise in Prozent. ³ Durchschnittlicher jährlicher Anstieg des realen BIP pro Kopf in Prozent.
Quellen: Für Ersparnis und BIP pro Kopf: OECD, National Accounts; für Reallöhne: Angaben der einzelnen Länder.

Quelle: Bank für Internationalen Zahlungsausgleich, 61. Jahresbericht 1990/91, Basel 1991, S. 41.

3. Wovon hängt die Wettbewerbsfähigkeit ab?

Jahren staatliche Eingriffe in die Kapitalmärkte mit dazu beitrugen, daß das Kapital international relativ wenig mobil war. Dies änderte sich aber in den 80er Jahren. Die Hemmnisse und Behinderungen auf den Kapitalmärkten wurden zunehmend abgebaut, das Kapital damit international auch immer mobiler (Frankel, 1989). Neuere empirische Untersuchungen zeigen dann auch, daß nationale Spar- und Investitionsquoten seit den frühen 80er Jahren wesentlich weniger stark korreliert sind (Feldstein/Bacchetta, 1989; Bayoumi, 1990), da man nun in viel stärkerem Maße auch auf ausländische Ersparnisse zurückgreifen konnte. Die verglichen mit den 60er und 70er Jahren 3-4mal größeren Ungleichgewichte in den Leistungsbilanzen in den 80er Jahren (Artis/Bayoumi, 1989) sind ein weiteres Indiz dafür, daß sich nationale Spar- und Investitionsquoten immer weniger entsprechen.

Damit scheint es aber fast so, als ob die Mitglieder einer Volkswirtschaft ihren Wohlstand steigern könnten, ohne daß sie zumindest temporär auf Konsum verzichten. Da aber Wunder auch in der Ökonomie selten sind, wird man sich fragen müssen, was das ausländische Sparkapital bewegt, vom Ausland ins Inland umzuziehen. Die Antwort ist einfach: Das ausländische Kapital wird sich im Inland nur dann niederlassen, wenn die um Risikofaktoren korrigierten inländischen Ertragsaussichten besser als im Ausland sind. Das dürfte allerdings nur der Fall sein, wenn die inländische Ergiebigkeit des Realkapitals die des Auslandes übersteigt, die Standortbedingungen im Inland also attraktiver sind als anderswo. Ob dies der Fall ist, hängt ganz entscheidend davon ab, wie attraktiv die im Inland ansässigen immobilen Faktoren sind, mit denen das

3.2.1. Realkapitalinvestitionen

Kapital zusammenarbeiten muß. Damit kommt nicht nur dem Verhalten der Gewerkschaften, sondern auch der Qualität der verfolgten Wirtschaftspolitik, vor allem aber den ordnungspolitischen Entscheidungen eine ganz entscheidende Bedeutung zu.

Die Bundesrepublik scheint nun aber in diesem Standortwettbewerb, der ganz offensichtlich auch ein Wettbewerb der nationalen Wirtschaftspolitiken ist, seit einiger Zeit an Boden zu verlieren. Die Kluft zwischen den deutschen Direktinvestitionen im Ausland und den ausländischen im Inland, die sich Mitte der 70er Jahre aufgetan hat, vergrößert sich seit dem Jahre 1983 zusehens. Die Direktinvestitionen vor allem der Vereinigten Staaten und Japans verlagern sich immer stärker in Länder wie Großbritannien, die Niederlande oder auch Frankreich. Nun liefern die Direktinvestitionsströme allerdings nur einen ersten Anhaltspunkt dafür, wie sich die Qualität des Standortes Bundesrepublik verändert. Ein umfassenderes Bild erhält man, wenn man die Entwicklung der gesamten Investitionstätigkeit an einem Standort betrachtet und sie mit der des Auslandes vergleicht.

Die Entwicklung der relativen pro-Kopf-Investitionen bestätigt für die Bundesrepublik aber das nicht gerade erfreuliche Bild, das die Direktinvestitionen gezeichnet haben. Während der Standort Bundesrepublik seit Beginn der 60er Jahre an Attraktivität verliert, gewannen vor allem Japan aber auch Frankreich in der Gunst der Investoren. Die Vereinigten Staaten verloren zwar im internationalen Standortwettbewerb bis in die 80er Jahre hinein an Boden. Die Entwicklung scheint sich aber in jüngster Zeit umzukehren. Seit

3. Wovon hängt die Wettbewerbsfähigkeit ab?

Mitte der 80er Jahre sind sie offensichtlich als Investitionsstandort wieder recht attraktiv.

Interessant ist allerdings, daß nicht nur vielen Politikern, sondern auch einigen Ökonomen der Preis, den man scheinbar zahlen muß, wenn man nicht selbst spart, sondern auf ausländische Ersparnisse zurückgreift, zu hoch ist. Anders ist jedenfalls die in den Vereinigten Staaten seit Jahren anhaltende und in der Bundesrepublik neuerdings aufflammende Diskussion um die Defizite in der Leistungsbilanz nicht zu verstehen. Es ist klar, daß eine Volkswirtschaft, die weniger spart als investiert, auch mehr konsumiert als sie selbst produziert und die Leistungsbilanz damit defizitär wird.

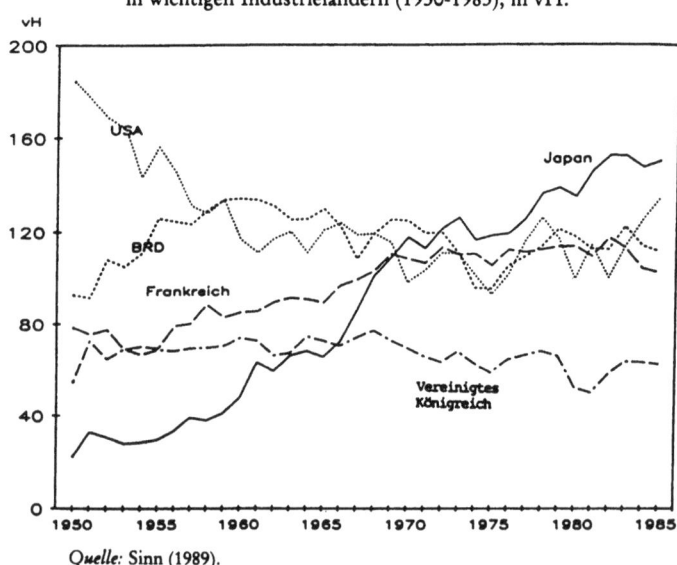

Abb. 6: Entwicklung der relativen pro-Kopf-Investitionen in wichtigen Industrieländern (1950-1985), in vH.

Quelle: Sinn (1989).

3.2.1. Realkapitalinvestitionen

Worin besteht nun aber der Preis einer defizitären Leistungsbilanz? Die Kritiker verweisen auf mehrere Aspekte: (1) Der Nettoimport von Gütern verringert die Nachfrage nach inländischen Produkten und vernichtet Arbeitsplätze. Diese Kritik stößt allerdings ins Leere, wenn, wie beispielsweise in der Bundesrepublik, die unbefriedigende Situation auf den Arbeitsmärkten angebots- und nicht nachfragebedingt ist. (2) Da den Defiziten in der Leistungsbilanz aber notwendigerweise Netto-Kapitalimporte entsprechen, fließt ein größerer Teil der Kapitalerträge in der Zukunft aus- und nicht inländischen Wirtschaftssubjekten zu. Diese Argumentation verkennt nun aber zweierlei: Zum einen sind die Kapitalerträge an ausländische Wirtschaftssubjekte nur die Gegenleistung für den von ihnen geleisteten temporären Konsumverzicht; zum anderen erhöhen gerade die ausländischen Kapitalzuflüsse die Erträge der immobilen inländischen Produktionsfaktoren und steigern das inländische pro-Kopf-Einkommen. (3) Man ist als Schuldner stärker von finanziellen Krisen betroffen, sofern das Vertrauen der ausländischen Gläubiger in die Bonität des inländischen Schuldners sinkt. Fordern die Kapitalgeber in einer solchen Situation ihr Kapital aber plötzlich zurück, dann löst dies in aller Regel auch eine negative wirtschaftliche Entwicklung aus. Diese Einwände mögen zwar für latein-amerikanische Länder gelten, können aber wohl noch kaum für Länder wie die Vereinigten Staaten oder die Bundesrepublik vorgebracht werden. (4) Die Netto-Verschuldung im Ausland ist weniger auf günstige inländische Standortbedingungen, sondern vielmehr auf einen verstärkten Konsum des Staates und damit auf inländische Haushaltsdefizite zurückzuführen (Feldstein, 1983).

3. Wovon hängt die Wettbewerbsfähigkeit ab?

Wenn dies, worauf vieles sowohl für die Vereinigten Staaten als auch für die Bundesrepublik hindeutet, der Fall ist, dann können in der Tat Defizite in der Leistungsbilanz nicht mehr positiv beurteilt werden. Die hohe Netto-Neuverschuldung, die staatliche Instanzen in der Bundesrepublik seit der Wiedervereinigung eingehen, dient ja nicht nur dazu, investive Ausgaben zu tätigen, sondern wird zu einem großen Teil verwandt, um Transferzahlungen zu finanzieren. Damit werden aber die finanziellen Mittel auch für konsumtive Zwecke verwandt. (5) Wenn der Staat die Möglichkeit hat, sich im Ausland zu verschulden, dann besteht immer die Gefahr, daß die notwendige Anpassung in der Haushaltspolitik solange hinausgezögert wird, bis schließlich eine Korrektur unumgänglich geworden ist. Da in diesem Falle die Umkehr aber relativ abrupt erfolgt, muß mit relativ hohen realen Kosten der Anpassung gerechnet werden. (6) Schließlich sollte man bedenken, daß Überschüsse in der Kapital- und Defizite in der Leistungsbilanz nicht ohne politische Risiken sind (Krugman, 1991). Der scheinbare „Ausverkauf" der inländischen Wirtschaft und die Klagen sowohl der Export- als auch der Importgüterkonkurrenzindustrien über den Abbau von Arbeitsplätzen können zu verstärkten protektionistischen Aktivitäten führen.

Wenn man vor allem die letzten drei Kritikpunkte akzeptiert, dann führt längerfristig wohl doch kein Weg daran vorbei, daß auch verstärkte nationale Sparanstrengungen notwendig sind (Boskin, 1988), wenn man über einen höheren Bestand an Realkapital die Wachstumsrate des pro-Kopf-Einkommens steigern und damit den Wohlstand der eigenen Bürger nicht nur sichern, sondern auch erhöhen will. Einen wesentlichen

3.2.1. Realkapitalinvestitionen 37

Beitrag zu einem höheren Lebensstandard würde man allerdings leisten, wenn man an der eigentlichen Ursache der rückläufigen gesamtwirtschaftlichen Sparquote in der Bundesrepublik ansetzt, nämlich an der niedrigen Sparquote des Staates. Dies würde es aber erforderlich machen, die hohe staatliche Verschuldung zurückzuführen, die im letzten Jahr auch wegen der Vereinigung Deutschlands eingegangen wurde. Damit würde man nicht nur einen Beitrag leisten, die Bedingungen für einen höheren Bestand an Realkapital zu verbessern, sondern auch eine wesentliche Ursache der Defizite in der Leistungsbilanz beseitigen.

Es reicht nun allerdings nicht aus, verstärkt in Realkapital zu investieren, wenn man den materiellen Wohlstand erhöhen will, sondern es muß auch dafür Sorge getragen werden, daß die Investitionen da stattfinden, wo sie für die Volkswirtschaft am produktivsten sind. Die Entwicklung der Vergangenheit hat aber immer wieder gezeigt, daß Kapital aus zumindest zwei Gründen fehlgeleitet wurde: (1) Wenn der Staat steuerliche „Schlupflöcher" schafft, kann es für die privaten wirtschaftlichen Akteure attraktiv werden, in Objekte zu investieren, die sich für den Investor nur deshalb rechnen, weil steuerliche Vergünstigungen eingeräumt werden. Die „Bauherrenmodelle" der 70er und 80er Jahre sind ein solches Beispiel, an dem man sieht, wie Realkapital nicht in der produktivsten Verwendung eingesetzt wird. (2) In einer inflationären Umwelt kann es ebenfalls dazu kommen, daß Kapital fehlgeleitet wird. Bei hohen Raten der Inflation besteht ein starker Anreiz, verstärkt in „Betongold" (Giersch) zu investieren, weil man sich vor der inflationären Entwertung des Vermögens zu schützen sucht. Die übersteigerte Bautätigkeit

3. Wovon hängt die Wettbewerbsfähigkeit ab?

der späten 60er und frühen 70er Jahre ist ein Beispiel, das andeutet, welche allokativen Verzerrungen inflationäre Prozesse auslösen können. Die Aufgabe der Wirtschaftspolitik besteht somit nicht nur darin, den ordnungspolitischen Rahmen so zu gestalten, daß Anreize für verstärkte Investitionen in Realkapital geschaffen werden, sondern daß das Kapital auch in die produktivste Verwendung fließt.

3.2.2 Wie beeinflussen Investitionen in Humankapital die Wettbewerbsfähigkeit?

Die verstärkte Bildung von Realkapital ist nun allerdings nur eine von mehreren Möglichkeiten, wie die wirtschaftlichen Akteure einer Volkswirtschaft ihre Ressourcenbasis verbreitern und auf diese Weise den Lebensstandard steigern können. Eine andere besteht darin, am Faktor Arbeit selbst anzusetzen. Wie fragwürdig solche bevölkerungspolitischen Aktivitäten allerdings sein können, zeigt die neoklassische Theorie, wenn sie darauf hinweist, daß zwischen dem Lebensstandard der Mitglieder einer Volkswirtschaft und der Wachstumsrate der Bevölkerung ein trade-off besteht. Der Grund ist einfach: Wächst die Bevölkerung und damit zeitverzögert auch das Arbeitsangebot, dann verringert sich bei gegebenem Realkapitalstock nicht nur die Kapitalintensität, sondern notwendigerweise auch die Arbeitsproduktivität. Wenn dies richtig ist, dann behindert eine breitere demographische Ressourcenbasis den Anstieg des pro-Kopf-Einkommens mehr, als daß sie ihn fördert.

3.2.2. Humankapitalinvestitionen

Trotz dieses trade-off haben in der Bundesrepublik familienpolitische Maßnahmen, mit denen auch die Wachstumsrate der Bevölkerung positiv beeinflußt werden soll, seit einiger Zeit in allen Parteien hohe Priorität. Wenn aber solche Aktivitäten nicht kontraproduktiv wirken sollen, dann muß noch ein anderer Zusammenhang zwischen einer wachsenden Bevölkerung und der Entwicklung des pro-Kopf-Einkommens existieren. Es ist natürlich grundsätzlich denkbar, daß mit wachsender Bevölkerung nicht nur die marginale Sparneigung der privaten Wirtschaftssubjekte, sondern auch die Rate des technischen Fortschritts (Steinmann, 1990) ansteigt, allerdings zeigen die empirischen Befunde ein ganz anderes Bild. Es besteht nämlich ein negativer Zusammenhang zwischen der Wachstumsrate der Erwerbspersonen und der Wachstumsrate der Arbeitsstundenproduktivität.

Es spricht somit vieles dafür, daß man den Lebensstandard der Mitglieder einer Gesellschaft langfristig wohl kaum steigern kann, wenn man nur die Arbeitsmenge vermehrt. Viel wichtiger als die Menge an Arbeit ist deren Qualität. Wenn man berücksichtigt, daß Arbeit international nach wie vor relativ immobil ist, man also nicht auf das an diesen Faktor gebundene Humankapital des Auslandes zurückgreifen kann, dann wird klar, daß die Investitionen in das Humankapital einer Volkswirtschaft zur eigentlich relevanten strategischen Größe werden. Sie entscheiden ganz wesentlich mit darüber, wie sich der Wohlstand einer Volkswirtschaft längerfristig entwickelt. Wenn dies richtig ist, dann nimmt es auch nicht wunder, daß ein Land wie die Vereinigten Staaten, bei dem über 75 % des gesamten Kapitalstocks der Volkswirtschaft aus Humankapital

3. Wovon hängt die Wettbewerbsfähigkeit ab?

bestehen (Jorgenson, 1988) einen so hohen Lebensstandard hat.

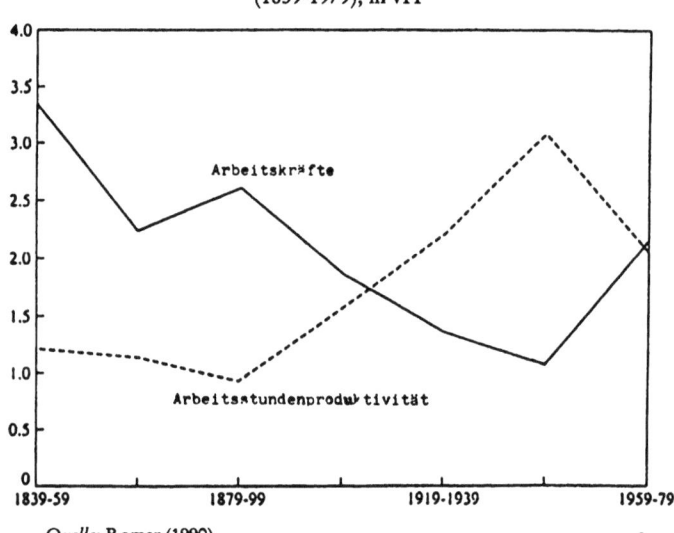

Abb. 7: Erwerbspersonen und Produktivitätswachstum (1839-1979), in vH

Quelle: Romer (1990).

Warum erhöhen nun aber Investitionen in das Humankapital das pro-Kopf-Einkommen? Die Antwort ist einfach: (1) Sie steigern wegen der besseren und qualifizierteren Ausbildung der Arbeitnehmer nicht nur direkt die Produktivität der Arbeit, sondern erhöhen wegen der komplementären Beziehung von Arbeit und Kapital — jede Einheit des Realkapitals ist mit einem größeren Bestand an Humankapital ausgestattet — indirekt auch die des physischen Kapitals. Daneben übt das Humankapital auch einen positiven Einfluß auf die Rate des nicht-faktorgebundenen technischen Fortschritts aus. Da diese Art des technischen Fortschritts

3.2.2. Humankapitalinvestitionen

nicht wie „Manna vom Himmel" fällt, sondern erst durch den Einsatz von Realkapital und hochqualifizierten Arbeitskräften geschaffen werden muß, fördern Investitionen in das Humankapital auch den technischen Fortschritt. (2) Mit verstärkten Investitionen in Humankapital können sich Volkswirtschaften im internationalen Handel komparative Vorteile bei humankapitalintensiven Gütern schaffen. Damit gelingt es ihnen, an den relativ hohen Erträgen humankapitalintensiver Güter auf internationalen Märkten zu partizipieren. Solche Investitionen können, wie das Beispiel Japans zeigt, zu einem wichtigen Baustein für den Lebensstandard einer Volkswirtschaft werden.

Vor etwas mehr als 25 Jahren lag Japan bei der Ausstattung mit qualifizierten Arbeitskräften und Humankapital weit hinter den entwickelten Ländern des Westens. Während im Jahre 1963 schon 12,3 % der Erwerbspersonen in den Vereinigten Staaten aus hoch qualifizierten Arbeitnehmern bestand, es in Frankreich immerhin noch 9,9 %, in Großbritannien 8,7 % und in Deutschland 8,4 % waren, belief sich der Prozentsatz in Japan gerade einmal auf 5,2 % (Bowen, 1983). Heute liegt Japan bei der gebräuchlichsten Kennziffer — dem Anteil der Arbeitnehmer mit einer höheren Ausbildung an der aktiven Bevölkerung — nur noch hinter den Vereinigten Staaten.

Eine Volkswirtschaft, in der verstärkt in Humankapital investiert wird, erhöht nun aber nicht nur das pro-Kopf-Einkommen ihrer Bürger, sondern hat auch eine geringere Fertilität. Der Grund ist einfach: Da ein großer Teil der Investitionen in Humankapital von den Eltern für ihre Kinder vorgenommen wird, besteht eine

Tab. 2: Vergleich von Humankapital in den wichtigsten Industrieländern

	Anteil der Facharbeiter und Techniker in der aktiven Bevölkerung		Durchschn. Dauer der formalen Ausbildung im Jahre 1984	Prozentsatz der Altersgruppe in höherer Ausbildung im Jahre 1985		Erlangte Abschlüsse in Naturwissenschaften und Ingenieurwesen im Jahre 1985	
	Prozent	Jahr	Jahre	Prozent	Altersgruppe	1. Abschluß	2. Abschluß
Japan	10.6	1985	11.2	32.1	18 - 21	14.31[b]	2.14
Vereinigte Staaten	14.8	1985	12.5	41.7	18 - 24	17.39[c,d]	4.39[c,d]
West-Deutschland	13.9	1984	9.5	23.9	19 - 22	5.80	1.41[e]
Frankreich	14.1	1982	10.8	26.9	18 - 22	8.03[f,g]	3.04[f,g]
Großbritannien	15.9	1981	10.9	18.7	18 - 20	15.44[g]	3.52[g]

[a] Als Anteil an der aktiven Bevölkerung. — [b] 1986. — [c] 1983. — [d] Bezieht sich auf Werte für die aktive Bevölkerung von 1985. — [e] Beinhaltet nur Doktortitel. — [f] Beinhalten Abschlüsse in Agrarwissenschaften. — [g] Bezieht sich auf die Werte für die aktive Bevölkerung von 1984.

Quellen: International Labour Organization, Yearbook of Labour Statistics, 1986, 1987; Angus Maddison, „Growth and Slowdown in Advanced Capitalist Economies: Techniques of Quantitative Assessment", Journal of Economic Literature, Vol. 25, No. 2, 1987; Japan, Science and Technology Agency, Kagaku Gijutsu Yoran (Indicators of Science and Technology), 1987, 1989.

3.2.2. Humankapitalinvestitionen 43

substitutive Beziehung zwischen der Zahl der Kinder und den Investitionen in das Humankapital der Kinder (Becker, 1988). Wenn die investiven Entscheidungen der Eltern für ihre Kinder mit steigendem Wohlstand immer weniger verzerrt werden, weil die Eltern ihren Kindern ein positives Erbe hinterlassen (Becker, Murphy, 1988), dann ist auch die generative Entscheidung immer weniger suboptimal. Dennoch verzerren nach wie vor unvollkommene Kapitalmärkte die investiven Entscheidungen vor allem der ärmeren Eltern in ihre Kinder. Effiziente familienpolitische Maßnahmen müßten somit primär an den Unvollkommenheiten auf den Kapitalmärkten ansetzen (Berthold, 1990a). Die traditionellen staatlichen Eingriffe, mit denen vor allem die rückläufige Fertilität korrigiert werden soll, erweisen sich somit nicht notwendigerweise als sinnvoll.

Wie erfolgreich eine Volkswirtschaft ist, wenn ihre wirtschaftlichen Akteure in Humankapital investieren, hängt nun aber nicht nur davon ab, wieviel sie investieren, ganz entscheidend ist auch, wie qualifiziert das Humankapital ist und in welchen Verwendungsarten es eingesetzt wird. (1) Vor allem für die Vereinigten Staaten wird immer wieder darauf hingewiesen, daß der Bestand an Humankapital zunehmend von minderer Qualität sei, was zum einen auf eine schlechte Ausbildung an den staatlichen Schulen und zum anderen auf eine wenig qualifizierte berufliche Ausbildung zurückgeführt wird. Demgegenüber wird in Japan die Ausbildung in beiden Bereichen als vorbildlich angesehen, während in der Bundesrepublik zwar die berufliche Ausbildung als für viele Länder nachahmenswert angesehen wird, die Qualität der staatlichen Schulen aber ganz offensichtlich in den letzten Jahrzehnten gelitten hat.

(2) Aber selbst, wenn der Bestand an Humankapital in einer Volkswirtschaft nicht nur hoch, sondern auch von hoher Qualität sein sollte, ist damit noch nicht sichergestellt, daß es auch in die sozial produktivsten Verwendungsarten eingesetzt wird (Murphy/Shleifer/Vishny, 1990). Die hellsten Köpfe einer Volkswirtschaft werden die berufliche Tätigkeit wählen, mit der sie die höchsten Erträge erzielen können. Das bedeutet nun aber nicht, daß sie unbedingt Unternehmer werden müssen, sie könnten auch „Rentenjäger" werden. Welche beruflichen Aktivitäten sie wählen, hängt ganz offensichtlich neben ökonomischen Faktoren auch davon ab, welche institutionellen Rahmenbedingungen herrschen. Wenn die Märkte in einem Land groß sind, die Individuen leicht Unternehmungen gründen und die erzielten Gewinne auch behalten können, werden viele Talente auch Unternehmer. Demgegenüber werden sie eher „Rentenjäger", wenn die Gründung von Unternehmungen behindert wird, die steuerlichen Belastungen der Gewinne hoch sind, der Zugang zu Märkten beschränkt wird und hohe Einkommen auch erzielt werden können, indem man die vielen Subventionstöpfe des Staates anzapft.

Wenn sich die Talente einer Gesellschaft aber eher „rent-seeking"-Aktivitäten zuwenden, dann stagniert die Volkswirtschaft. Ein wachsender „rent-seeking"-Sektor absorbiert nämlich Ressourcen, die anderen produktiveren Verwendungsarten entzogen werden, notwendige Steuererhöhungen beeinträchtigen den produktiven Sektor, die Fähigkeiten der Talente, die

3.2.3. Technischer Fortschritt

schließlich Unternehmer werden, sinkt und die Rate des technologischen Wissens stagniert. Es ist deshalb interessant festzustellen, daß die Wachstumsrate des pro-Kopf-Einkommens in den Ländern, in denen ein relativ hoher Anteil der Absolventen von Hochschulen entweder Rechtsanwalt oder Wertpapierhändler wird, wesentlich niedriger ausfällt als in den Ländern, in denen der Anteil der Naturwissenschaftler und Ingenieure relativ hoch ist. Es reicht also nicht aus, daß eine Volkswirtschaft in Humankapital investiert, es muß auch durch adäquate ordnungspolitische Rahmenbedingungen dafür Sorge getragen werden, daß das Humankapital auch in den produktivsten Verwendungen eingesetzt wird.

3.2.3 Wie wichtig ist der technische Fortschritt für die Wettbewerbsfähigkeit?

Seit man versucht, die Bestimmungsgründe des wirtschaftlichen Wachstums auch empirisch zu ergründen (Denison, 1962; 1985; Jorgenson, 1990), kommt man immer wieder zu dem Ergebnis, daß dem ungebundenen technischen Fortschritt ganz offensichtlich eine Schlüsselrolle zukommt. Der Wohlstand der Mitglieder einer Volkswirtschaft scheint somit in entscheidendem Maße davon abzuhängen, inwieweit es ihnen gelingt, die Rate des technischen Fortschritts hoch zu halten. Da aber auch diese Art des technischen Fortschritts nicht „wie Manna vom Himmel fällt", sondern erst durch den Einsatz anderer Ressourcen — Arbeit, natürliche Ressourcen, Human- und Realkapital — geschaffen werden muß, stellt sich wiederum die Frage,

3. Wovon hängt die Wettbewerbsfähigkeit ab?

ob die wirtschaftlichen Akteure einer Volkswirtschaft nur dann einen relativ hohen Lebensstandard realisieren können, wenn sie eigene Anstrengungen im Bereich der Forschung und Entwicklung unternehmen oder aber, ob es ausreicht, wenn sie auf das technologische Wissen des Auslandes zurückgreifen, also weniger selbst innovativ tätig sind, sondern vielmehr verstärkt imitieren.

Die gesamte Nachkriegszeit ist von einer Kontroverse zwischen den nach dem 2. Weltkrieg technologisch führenden Vereinigten Staaten einerseits und den europäischen Ländern (zunächst), sowie Japan (später) andererseits gekennzeichnet, in der die Vereinigten Staaten diesen Ländern immer wieder vorwarfen, die amerikanischen technologischen Anstrengungen ohne entsprechende Gegenleistung anzuzapfen. Diese Länder nutzten ganz offensichtlich die „Vorteile der wirtschaftlichen Rückständigkeit" (Gerschenkorn, 1952). Ein solcher Vorwurf kann aber wohl nur dann erhoben werden, wenn das technologische Wissen weltweit relativ mobil ist. Es wird nun in der Tat die These vertreten, daß ein Schub bei den Informations- und Kommunikationstechnologien die Kosten des weltweiten Transfers von technologischem Wissen ganz beträchtlich verringert hat (Vernon, 1979). In diesem Falle kann es für die Unternehmungen einer Volkswirtschaft sinnvoller sein, nicht in eigene Forschung und Entwicklung zu investieren, sondern sich als „technologischer Trittbrettfahrer" zu verhalten und eher zu imitieren als selbst innovativ tätig zu sein. Da bei positiven externen Effekten, der Anreiz zu eigenen Anstrengungen aber grundsätzlich zurückgeht, müßten sich die innovativen Aktivitäten weltweit verringern.

3.2.3. Technischer Fortschritt 47

Dies scheint aber ganz offensichtlich nicht der Fall zu sein, da die Unternehmungen der wichtigsten Industrieländer ihre innovativen Anstrengungen seit Mitte der 70er Jahre nicht verringerten, sondern ganz im Gegenteil beträchtlich erhöht haben. Die Ausgaben für Forschung und Entwicklung bewegten sich im Jahre 1987 zwischen 2,4 % des Bruttosozialproduktes für Großbritannien und 2,8 % für die Vereinigten Staaten und Japan. Die Bundesrepublik lag mit 2,7 % zwar nur knapp hinter den beiden Spitzenreitern, allerdings hat sich das Verhältnis zu den beiden wichtigsten Konkurrenten auf den Märkten weltweit verändert. Während die deutschen Unternehmungen gegenüber den Vereinigten Staaten seit Mitte der 70er Jahre aufgeholt haben, verloren sie gegenüber Japan seit dieser Zeit an Boden.

Nun könnte man aber der Meinung sein, daß es gar nicht so sehr darauf ankommt, wieviel man aufwendet, entscheidender ist vielmehr das Ergebnis solcher Forschungs- und Entwicklungsaktivitäten. Höhere Aufwendungen für Forschung und Entwicklung führen nämlich dann nicht zu besseren Ergebnissen, wenn die Forschungaktivitäten weniger effizient werden. Wertet man allerdings die Patentstatistiken aus (Zimmermann, 1990, 234), dann wird das Ergebnis, wonach die Bundesrepublik zwar gegenüber den Vereinigten Staaten gewonnen, gegenüber Japan aber verloren hat, weitgehend bestätigt.

Auch eine andere Entwicklung läßt Zweifel an der These aufkommen, wonach *das* technologische Wissen weltweit so mobil sei, daß sich eigene innovative Aktivitäten nicht mehr lohnten. Wenn dies nämlich zuträfe,

3. Wovon hängt die Wettbewerbsfähigkeit ab?

Tab. 3: Internationaler Vergleich der Ausgaben für Forschung und Entwicklung

	In vH des Bruttosozialprodukts				In vH der Ausrüstungsinvestitionen			
	1975	1979	1983	1987	1975	1979	1983	1987
Vereinigte Staaten	2,3	2,3	2,6	2,8	34,4	27,8	38,2	40,8
Japan	2,0	2,1	2,6	2,8[a]	12,3	14,2	17,9	17,2[c]
Deutschland	2,2	2,4[a]	2,5	2,7	29,4	28,1[a]	31,0	32,3
Frankreich	1,8	1,8	2,1	2,3	23,1	23,7	29,3	31,6
Großbritannien	2,0	2,1[b]	2,3	2,4	24,7	22,8[b]	30,3	29,4

[a] Mit den Vorjahren nicht voll vergleichbar, da kleine und mittlere Unternehmen stärker einbezogen worden sind; [b] 1978; [c] 1986.

Quelle: Zimmermann (1990).

3.2.3. Technischer Fortschritt

dann wäre nur schwer verständlich, weshalb sich die Branchen der sogenannten Schumpeter-Industrien in der Bundesrepublik, die komparative Vorteile in der Produktion von technologieintensiven Gütern haben, ganz unterschiedlich entwickeln. Während die einen, wie beispielsweise der Maschinen-, der Straßenfahrzeug- oder der Luft- und Raumfahrzeugbau, ihre komparativen Vorteile über Jahrzehnte hinweg mehr oder weniger gut halten können, verlieren andere, wie beispielsweise die Chemieindustrie, die Hersteller von Büromaschinen und Datenverarbeitungsgeräten oder die Elektronikindustrie, zunehmend ihre führende Position auf den Weltmärkten.

Es ist somit offensichtlich, daß das technologische Wissen nicht in allen technologieintensiven Branchen weltweit gleich mobil ist. Wo die Forschungsabteilungen auf eine enge Kooperation mit den Fertigungsabteilungen angewiesen sind, bleibt das technologische Wissen weitgehend an den Ort der Produktion gebunden und damit relativ immobil. Demgegenüber ist es vor allem in den Unternehmungen und Branchen, in denen die Forschung in erster Linie reine Laborforschung ist und die Fertigung leicht ins Ausland verlagert werden kann, international sehr mobil (Klodt, 1990, 71). Wie gerade der Straßenfahrzeugbau zeigt, sind allerdings die Grenzen zwischen den sogenannten mobilen und immobilen Schumpeter-Industrien nicht nur fließend, sie verändert sich auch fortwährend. Während in den oberen Marktsegmenten die Forschung und Produktion noch immer stark komplementär sind, eröffnen sich in den unteren auch weniger entwickelten Ländern zunehmend Spielräume für Imitationen.

3. Wovon hängt die Wettbewerbsfähigkeit ab?

Tab. 4: Internationale Wettbewerbsfähigkeit technologieintensiver Wirtschaftszweige in der Bundesrepublik (1970-19877)

	RCA-Wert		
	1970	1980	1987
Insgesamt	58,9	48,3	33,7
Mobile Schumpeter-Industrie	32,4	15,6	-0,3
Chemische Industrien	35,8	18,9	9,7
Büromaschinen, Datenverarbeitungsgeräte	-20,9	-35,5	-55,8
Elektrotechnik	40,9	21,6	3,7
Immobile Schumpeter-Industrien	82,7	81,9	70,1
Maschinenbau	95,7	99,4	86,6
Straßenfahrzeugbau	94,6	94,4	79,4
Luft- und Raumfahrzeugbau	-81-0	-35,1	-33,3
Feinmechanik, Optik	48,8	7,0	0,9

Quelle: Klodt (1990).

3.2.3. Technischer Fortschritt 51

Es besteht somit grundsätzlich die Möglichkeit, technologisches Wissen nicht mehr ausschließlich selbst erzeugen zu müssen, sondern auf weltweit schon vorhandenes Wissen zurückzugreifen. Da dieses Wissen aber primär unternehmensintern transferiert wird, ist es erforderlich, diese Unternehmungen, die über das Wissen verfügen, zu bewegen, sich in der eigenen Volkswirtschaft anzusiedeln. Wenn dies gelingt, dann muß die technologische Entwicklung nicht mehr Schritt für Schritt nachvollzogen werden, vielmehr kann man sehr schnell an die technologische Forschungsfront vorstoßen.

Welche Aktivitäten sind nun aber notwendig, damit dieses Vorhaben gelingt? Die Antwort ist einfach: (1) Die Bedingungen für Direktinvestitionen müssen attraktiv sein. Dies erfordert offene Güter- und Faktormärkte, eine effiziente und stabile Struktur privater Eigentumsrechte, sowie minimale und stetige makropolitische Aktivitäten. (2) Eine Volkswirtschaft ist aber nur attraktiv, wenn dem privaten Sektor ausreichend qualifizierte Arbeitskräfte zur Verfügung stehen. Die Arbeitnehmer bilden allerdings nur dann spezifisches Humankapital, wenn sie erwarten können, dafür einen „fairen" Ertrag zu erhalten. Dies ist um so eher der Fall, je stärker die Unternehmungen um knappe Arbeitskräfte konkurrieren. Eine konsequente Wettbewerbspolitik, die es Unternehmungen erleichtert, in die Gütermärkte einzutreten, ist auch in diesem Falle eine wichtige Voraussetzung (Rotemberg/Saloner, 1989; Porter, 1990). (3) Das technologische Wissen, das notwendig ist, um langfristig einen hohen Lebensstandard zu sichern, verkörpert sich immer stärker in einer relativ kleinen Gruppe von „executive professionals", die

3. Wovon hängt die Wettbewerbsfähigkeit ab?

— auch unternehmensintern — international sehr mobil ist. Wenn man somit in den Genuß dieses Wissens kommen will, muß man nicht nur die inländische Umgebung für diese Gruppe attraktiv machen (Eliasson, 1988), sondern auch dafür Sorge tragen, daß die Faktormärkte wirklich offen sind. Dies ist notwendig, damit das technologische Wissen, das sich im innovativen Prozeß in den Produktionsfaktoren und Zwischenprodukten anreichert, ohne größere Probleme unternehmensintern transferiert werden kann.

3.3 Weshalb sind manche Volkswirtschaften erfolgreicher als andere?

Wenn man sich schließlich die Frage stellt, weshalb einige Volkswirtschaften erfolgreicher sind als andere, dann lassen sich zumindest drei Antworten geben. 1. Offensichtlich setzen erfolgreiche Volkswirtschaften auf nationaler Ebene die Anreizstrukturen anders. Sie haben Erfolg, wenn sie a) eine effiziente und stabile Struktur privater Eigentumsrechte aufweisen (Lal, 1990), die einen freien Zugang zu den Güter- und Faktormärkten garantiert, das Vertrauen der wirtschaftlichen Akteure stärkt, daß sie auch in den Genuß der Erträge riskanter Investitionen gelangen und die Wirtschaftssubjekte davor schützt, daß der Staat ihr Vermögen inflationär entwertet, sowie b) die makropolitischen Aktivitäten der staatlichen Instanzen nicht nur effizient sind, sondern auch stetig erfolgen. Dies scheint aber nur möglich, wenn c) auch die nationalen politischen Märkte funktionsfähig sind, denn nur dann ist es überhaupt denkbar, daß ordnungspolitische Rah-

3.3. Relativer Erfolg von Volkswirtschaften 53

menbedingungen geschaffen werden, die effiziente ökonomische Lösungen ermöglichen.

Die eigentlich spannende Frage ist nun aber, weshalb die politischen Entscheidungsträger im allgemeinen keine ökonomisch effizienten Entscheidungen treffen. Die Antwort ist relativ einfach. Die politischen Märkte sind wegen informatorischer Defizite und rationalem Unwissen der Wähler, unvollkommenen maßnahmen- und personenbezogenen Kontrollen politischer Entscheidungen durch die Wähler, aber auch wegen einer relativ hohen „Vergessensrate" der Wähler mehr oder weniger stark unvollkommen (Berthold, 1990b). Die politischen Entscheidungsträger nutzen die so entstehenden diskretionären Handlungsspielräume, um wirtschaftspolitische Aktivitäten zu ergreifen, die zwar den eigenen politischen Zielen und den Interessen ihrer spezifischen Klientel nutzen, für die gesamte Volks- und auch Weltwirtschaft aber oft wenig effizient sind.

Wenn diese Überlegungen richtig sind, dann scheinen die politischen Märkte in einigen Ländern besser als in anderen zu funktionieren. Die Bundesrepublik gehört aber, so scheint es nach dieser Analyse zumindest, zu den Ländern, in denen sie wohl weniger gut arbeiten. Effiziente ökonomische Lösungen werden somit erst dann möglich, wenn die politischen Märkte funktionsfähig sind. Nur dann können nämlich, die ordnungspolitischen Rahmenbedingungen geschaffen werden, die überhaupt erst effiziente ökonomische Lösungen ermöglichen (Eucken, 1968, 180 ff; Leipold, 1989, 22). Dies gilt allerdings nicht nur für die nationale, sondern auch für die internationale Ebene (Berthold, 1990b). Wie man leicht erkennen kann, sind dort allerdings die Schwierigkeiten effizienter Lösungen noch größer.

3. Wovon hängt die Wettbewerbsfähigkeit ab?

2. Die wirtschaftlichen Akteure erfolgreicher Volkswirtschaften sind bereit, sich vorbehaltslos in die internationale Arbeitsteilung einzubinden. a) Sie öffnen sowohl ihre Güter- als auch Faktormärkte der internationalen Konkurrenz. Damit nutzen sie nicht nur die Vorteile der internationalen Arbeitsteilung, sie stärken auch den Wettbewerb auf nationaler Ebene, verbessern die Allokation der Ressourcen und erhöhen langfristig den Lebensstandard. b) Der intensivere internationale Wettbewerb auf den ökonomischen Märkten begrenzt daneben aber auch die diskretionären Handlungsspielräume der politischen Entscheidungsträger. Der Wettbewerb der Staaten um Kapital — Realkapital, Menschen, Humankapital — und technologisches Wissen war schon immer der beste Schutz vor staatlicher Unterdrückung und konfiskatorischer Besteuerung (Weber, 1923, 288). Es spricht deshalb einiges dafür, daß die Möglichkeit der Abwanderung die politische Grundlage der Freiheit, der geistigen Vielfalt und der materiellen Anreize war (Vaubel, 1990).

3. Die wirtschaftlichen Akteure von Volkswirtschaften scheinen, ganz entgegen einer weit verbreiteten Auffassung, längerfristig nur erfolgreich zu sein, wenn sie darauf verzichten, die Instrumente der strategischen Handelspolitik einzusetzen. a) Die „Neue Außenhandelstheorie" hat zwar gezeigt, daß Volkswirtschaften bei unvollkommenen Gütermärkten den Wohlstand ihrer Bürger erhöhen können, wenn sie protektionistische Aktivitäten ergreifen, um die Wirtschaftszweige mit „economies of scale" und/oder technologischen „spillovers" bei sich anzusiedeln (Krugman, 1986). Die möglichen Erträge, die man mit einem solchen „rent- and profitshifting" erzielen kann, scheinen somit dar-

3.3. Relativer Erfolg von Volkswirtschaften 55

auf hinzudeuten, daß ein ordnungspolitischer Rahmen, der auch auf internationaler Ebene den unbeschränkten Zutritt zu Märkten garantiert, nicht unbedingt adäquat sein muß.

b) Diese Schlußfolgerung trifft allerdings dann nicht zu, wenn die politischen Märkte unvollkommener als die ökonomischen sind (Krugman, 1987). Aber genau dies dürfte im allgemeinen der Fall sein, weil (1) informatorische Defizite der staatlichen Instanzen dazu beitragen können, daß nicht nur die falschen Sektoren und Unternehmungen gefördert, sondern auch die falschen Instrumente eingesetzt werden, (2) andere Sektoren der Volkswirtschaft notwendigerweise benachteiligt werden müssen, weil ihnen produktive Ressourcen entzogen werden, (3) die handelspolitischen Aktivitäten nicht von ökonomischen Effizienzüberlegungen, sondern von nationalen Interessengruppen dominiert werden und es (4) zu einem internationalen Subventionswettlauf um die begehrten Unternehmungen und Wirtschaftszweige kommen kann. Es scheint so, als ob sich die Volkswirtschaften selbst am meisten schaden würden, die das Instrumentarium der strategischen Handelspolitik verstärkt nutzen.

c) Damit bleibt aber die Aussage der traditionellen Außenhandelstheorie nach wie vor richtig, wonach Freihandel die beste Wirtschaftspolitik für eine Volkswirtschaft ist, unabhängig davon, was der Rest der Welt tut. Nach protektionistischen Maßnahmen zu rufen, weil andere Länder protektionistisch tätig werden, bedeutet soviel, wie zu fordern, die eigenen Häfen zu schließen, nur weil die anderen Länder felsige Küsten und keine Hochseehäfen haben. Der Freihandel begrenzt ebenso wie der Wettbewerb auf nationalen Märkten den diskretionären Handlungsspielraum der politischen Entscheidungsträger und schafft auf diese Weise gute Voraussetzungen für einen adäquaten ordnungspolitischen Rahmen in einer Volkswirtschaft und damit bessere ökonomische Ergebnisse.

4. Was beeinträchtigt die Wettbewerbsfähigkeit der deutschen Wirtschaft?

Wenn es richtig ist, daß die Fähigkeit einer Volkswirtschaft, den Wohlstand seiner Bürger zu mehren, vor allem davon abhängt, wie effizient der marktliche Koordinationsmechanismus arbeitet, dann kommt der Frage, wie intensiv der Wettbewerb auf den Güter- und Faktormärkten ausfällt, entscheidende Bedeutung zu. Damit verringern aber alle Aktivitäten, die den Wettbewerb einschränken, längerfristig den Lebensstandard der Mitglieder einer Gesellschaft, weil sie sowohl die statische als auch dynamische allokative Effizienz beeinträchtigen. Die wettbewerbsbeschränkenden Aktivitäten können nun aber nicht nur von privaten, sondern auch von staatlichen Akteuren ausgehen, und sie erstrecken sich sowohl auf nationale als auch internationale Märkte. Es ist zwar unbestritten, daß private Anbieter auf Güter- und Faktormärkten immer wieder versuchen, dem wettbewerblichen Druck zu entgehen, indem sie wettbewerbsbeschränkende Aktivitäten ergreifen, wirklich erfolgreich sind sie aber im allgemeinen nur dann, wenn ihre wettbewerbswidrigen Praktiken durch regulierende staatliche Eingriffe flankiert werden. Die Märkte „versagen" somit viel weniger deshalb, weil sie von sich aus unvollkommen sind, sondern viel eher, weil politische Eingriffe verhindern, daß sie funktionsfähig sind.

4. Faktoren der deutschen Wettbewerbsfähigkeit

4.1 Welche „hausgemachten" Faktoren beeinträchtigen die Wettbewerbsfähigkeit?

Die Güter- und Faktormärkte werden in der Bundesrepublik durch vielfältige staatliche Eingriffe in ihrer Funktionsfähigkeit beeinträchtigt. 1. Wenn wir die Gütermärkte betrachten, dann stellen wir fest, daß nicht nur eine Reihe von regulierenden Eingriffen des Staates, sondern auch beträchtliche finanzielle staatliche Hilfen die „Anpassungskapazität" der Volkswirtschaft verringern. a) Nach wie vor sind wichtige Gütermärkte, wie beispielsweise die Verkehrs- und Telekommunikationsmärkte, die Versicherungsmärkte aber auch der Strommarkt, in der Bundesrepublik stärker reguliert als in anderen westlichen Industriestaaten. Diese Regulierungen verringern aber in der weit überwiegenden Zahl der Fälle nicht, wie es sinnvoll wäre, die Kosten der wirtschaftlichen Transaktionen und erhöhen den Umfang der Transaktionen (v. Weizsäcker, 1988, 15), sondern gewähren den Akteuren auf diesen Märkten in erster Linie einen Bestandsschutz, der zu Lasten von Dritten — aktuelle und potentielle in- und ausländische Wettbewerber und vor allem Konsumenten — geht. Damit wird aber nicht nur der Wettbewerb verzerrt und das Transaktionsvolumen auf den Märkten verringert, auch der für das wirtschaftliche Wachstum notwendige strukturelle Wandel wird behindert, und die Vorteile der internationalen Arbeitsteilung werden nur bedingt genutzt.

b) Die Entscheidungen der Anbieter auf den nationalen und internationalen Gütermärkten werden trotz vollmundiger politischer Versprechen, Subventionen in großem Stile abzubauen, auch nach wie vor durch

4.1. „Hausgemachte" Einflußfaktoren

beträchtliche finanzielle Beihilfen verzerrt. Obwohl in den letzten Jahren einige Steuervergünstigungen, die allerdings zeitlich befristet waren, abgebaut wurden, ließ man die Finanzhilfen weitgehend ungeschoren. In einigen Bereichen, wie beispielsweise der Landwirtschaft, dem Steinkohlebergbau sowie der Luft- und Raumfahrtindustrie wurden die Finanzhilfen allerdings nicht abgebaut, sondern sogar noch einmal kräftig aufgestockt.

Wenn man die staatlichen Subventionen in den wichtigsten westlichen Industrieländer miteinander vergleicht, dann fällt zumindest zweierlei auf: (1) Die Bundesrepublik zählt zu den Ländern, die ihre Unternehmungen weit stärker als ihre wichtigsten Konkurrenten auf den Weltmärkten subventioniert. Während die staatlichen Instanzen in der Bundesrepublik im Jahre 1986 über 2,1 % des Bruttoinlandsproduktes für Subventionen aufwandten, waren es in Japan nur 1,1 % und in den Vereinigten Staaten sogar nur 0,6 %. Die relative Subventionierung der einzelnen Länder — Subventionsrangfolge — hat sich allerdings seit Anfang der 70er Jahre kaum verändert. (2) Die erfolgreichsten Volkswirtschaften sind aber die, die ihrer Wirtschaft finanziell weniger stark unter die Arme greifen. In dieses Bild paßt auch, daß der Staat in Japan im Jahre 1986 nur 19,6 % der gesamten nicht-militärischen Aufwendungen für Forschung und Entwicklung finanzierte, während es in der Bundesrepublik 37,5 % waren. Viel erstaunlicher ist allerdings, daß der Staat von den gesamten Aufwendungen der Industrie für Forschung und Entwicklung in Japan ganze 1,8 % finanzierte, während es in der Bundesrepublik immerhin 15,3 % waren. Nicht ganz mit dieser These vereinbar scheinen

60   4. Faktoren der deutschen Wettbewerbsfähigkeit

Tab. 5: Subventionen des Staates in ausgewählten OECD-Ländern (1974-1989) in vH

	1974	1980	1981	1982	1983	1984	1985	1986	1987	1988	1989
Bundesrepublik	1,9	2,1	1,9	1,8	1,9	2,1	2,1	2,1	2,2	2,3	.
Belgien	1,2	1,4	1,5	1,4	1,4	1,5	1,4	1,4	.	.	.
Dänemark	3,5	3,2	3,0	3,2	3,3	3,3	3,0	2,9	3,1	3,3	.
Finnland	3,1	3,2	3,3	3,2	3,2	3,2	3,1	3,2	3,0	2,6	2,8
Frankreich	1,8	1,9	2,2	2,2	2,2	2,5	2,3	2,3	2,2	.	.
Griechenland	2,6	2,4	3,7	3,8	2,2	2,0	3,0	2,8	.	.	.
Irland	3,0	3,8	3,9	3,1	3,8	3,4	3,3	3,0	3,6	.	.
Italien	.	2,8	2,8	1,4	2,9	3,0	2,6	3,0	2,7	2,5	2,5
Japan	1,6	1,5	1,5	1,7	1,4	1,3	1,2	1,1	1,0	0,9	1,2
Niederlande	1,0	1,5	1,6	6,5	1,8	1,9	2,0	1,8	2,5	2,3	1,8
Norwegen	5,8	7,0	6,7	3,0	6,1	5,7	5,4	5,8	.	.	.
Österreich	2,1	3,0	3,0	.	3,0	2,8	2,9	3,1	3,2	2,9	2,7
Portugal	.	5,2	5,4	5,0	.	.	.	.	.	.	.
Schweden	2,4	4,3	4,7	1,3	5,2	5,0	4,9	4,8	4,7	4,4	4,6
Schweiz	1,2	1,3	1,2	2,5	1,4	1,4	1,4	1,4	1,4	1,4	1,4
Spanien	.	2,1	2,0	0,5	2,6	2,8	2,7	2,0	.	.	.
Vereinigte Staaten	0,3	0,4	0,4	.	0,7	0,6	0,6	0,6	0,7	0,6	0,6
Vereinigtes Königreich	3,7	2,4	2,5	2,1	2,1	2,4	2,1	1,8	1,1	1,0	0,9

Quelle: OECD; Kieler Studien 228, Klodt, u. a.; eigene Berechnungen.

4.1. „Hausgemachte" Einflußfaktoren

aber die Vereinigten Staaten, die 48,33 % der gesamten Aufwendungen für Forschung und Entwicklung und 35,3 % der F + E-Aufwendungen des industriellen Sektors staatlich finanzierten (Grossman, 1990, 80). Die populäre These, wonach Japan über das Ministerium für internationalen Handel und Industrie (MITI) seit Jahren eine forcierte Industriepolitik betreibe und konsequent die kapitalintensiven Industrien in wissensintensive überführen würde, wird zumindest durch diese Zahlen nicht bestätigt.

2. Die „Anpassungskapazität" der deutschen Volkswirtschaft wird aber nicht nur auf den Güter-, sondern auch auf den Faktormärkten durch vielfältige staatliche Eingriffe beeinträchtigt. a) Wenn wir uns den Arbeitsmarkt anschauen, dann wird der marktliche Koordinationsmechanismus nicht nur durch gesetzliche Bestimmungen und richterliche Rechtsschöpfung, sondern in starkem Maße auch durch kollektive Vereinbarungen der Tarifpartner zunehmend außer Kraft gesetzt (Deregulierungskommission, 1990). Die kartellähnliche Lohnfindung zwischen den Tarifvertragsparteien, die Außenseiterkonkurrenz weitgehend unterbindet und die Löhne und Lohnrelationen weitgehend inflexibel macht, ein sowohl durch tarifvertragliche Regelungen als auch durch die Rechtsprechung weitgehend abgesicherter Bestandsschutz, der den Produktionsfaktor Arbeit zu einem quasi-fixen Faktor werden läßt, aber auch eine relativ ineffiziente staatliche Arbeitsvermittlung und großzügige Leistungen der Arbeitslosenversicherung, die zu einer hohen Rate der „natürlichen" Arbeitslosigkeit beitragen, sind nur einige einer ganzen Reihe offenkundiger Fehlentwicklungen. Diese regulierenden staatlichen Eingriffe, die ursprünglich ergriffen

4. Faktoren der deutschen Wettbewerbsfähigkeit

wurden, um die Arbeitnehmer vor unternehmerischer Willkür zu schützen, entwickelten sich immer mehr zu einem Instrument, das die nicht mehr schutzbedürftigen Arbeitnehmer — insider — einsetzen, um sich zu Lasten der nach wie vor schutzbedürftigen — outsider — materielle Vorteile zu verschaffen. Die sichtbaren Zeichen der regulierten Arbeitsmärkte in der Bundesrepublik sind eine persistent hohe Arbeitslosigkeit, die auf überhöhte Arbeitskosten, übermäßig nivellierte Lohnrelationen und weitgehend immobile Arbeitnehmer zurückzuführen ist.

b) Aber nicht nur die Arbeitsmärkte, auch die Kapitalmärkte in der Bundesrepublik sind bei weitem nicht frei von regulierenden Eingriffen des Staates. Vor allem der Zugang der relativ innovativen und beschäftigungsintensiven kleineren und mittleren Unternehmungen zu den Kapitalmärkten ist mit erheblichen Problemen behaftet (Maas, 1990, 196). Hohe Emissionsminima, eine Prospekthaftung der emittierenden Banken, die zu strengen Anforderungen an die Unternehmungen und niedrige Ausgabenkurse, hohe Kosten der Prospekteröffnung sowie die Börseneinführungsprovision und ein praktisch nicht bestehender Markt für andere Beteiligungstitel und Rechtsformen — Wagnisfinanzierungsgesellschaften — sind die wesentlichen Hindernisse dieser Unternehmungen bei der dringend benötigten Fremdfinanzierung. Der relative Rückgang der investiven Aktivitäten in der Bundesrepublik hat möglicherweise hier eine Ursache.

c) Die Allokation der Ressourcen und das wirtschaftliche Wachstum werden in der Bundesrepublik aber vor allem auch durch die im internationalen Vergleich rela-

4.1. „Hausgemachte" Einflußfaktoren 63

tiv hohen Belastungen der Produktionsfaktoren Arbeit und Kapital mit Abgaben — Steuern und Sozialbeiträge — beeinträchtigt.

Abb. 8: Entwicklung der Abgabenbelastung ausgewählter OECD-Länder (1965-1987) in vH

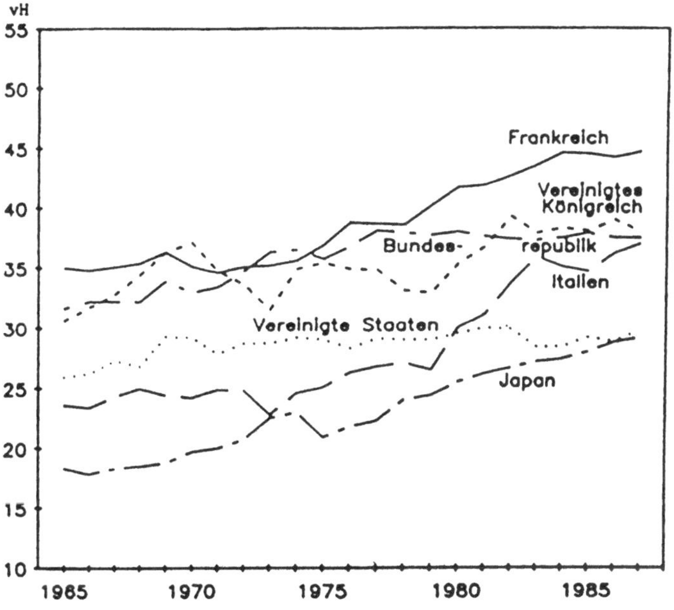

Quelle: Klodt u.a. (1989).

Der bisherige Eindruck, daß die staatlichen Eingriffe in der Bundesrepublik intensiver sind als bei den wichtigsten Konkurrenten auf den Weltmärkten, nämlich den Vereinigten Staaten und Japan, wird durch diese Zahlen bestätigt. Während die Belastung mit Steuern und Sozialversicherungsbeiträgen in der Bundesrepublik im Jahre 1986 einen Wert von 37,5 % des Bruttoin-

4. Faktoren der deutschen Wettbewerbsfähigkeit

landsproduktes erreichte, liegt sie sowohl in den Vereinigten Staaten als auch in Japan um knapp 10 Prozentpunkte niedriger. Interessant ist aber auch, daß die relative Belastung mit Abgaben in der Bundesrepublik seit Mitte der 60er Jahre angestiegen ist, in Japan leicht zugenommen hat, in den Vereinigten Staaten allerdings stark zurückgegangen ist.

Noch aussagekräftiger als diese globalen Indikatoren der steuerlichen Belastung sind die konkreten Belastungen der Unternehmensgewinne und Arbeitseinkommen in den einzelnen Ländern, bestimmen diese doch ganz wesentlich darüber mit, ob sich ausländisches Real- und Humankapital in der Bundesrepublik tatsächlich niederläßt. Auch hier bestätigt sich wiederum nur das, was die anderen globalen Indikatoren schon angezeigt haben, nämlich einen relativen Nachteil der Bundesrepublik gegenüber den wichtigsten Konkurrenten (Klodt u. a., 1989, 159-166). Vor allem die effektiven Steuern auf die Erträge von Investitionen sind relativ hoch, so daß die Bundesrepublik für internationale Kapitalanleger nicht sonderlich attraktiv ist.

3. Die vielfältigen staatlichen Eingriffe können aber nicht nur den Wettbewerb verfälschen und das Muster der internationalen Arbeitsteilung verzerren, sondern auch mit dazu beitragen, daß die Ressourcenbasis nicht effizient erweitert wird. Dies scheint in der Bundesrepublik in zumindest drei Bereichen der Fall zu sein: a) Die Existenz umlagefinanzierter Systeme der sozialen Sicherung — Alterssicherung, Krankenversicherung und Arbeitslosenversicherung — begünstigt die konsumtive Nutzung des Einkommens und verringert die individuellen Anreize zu sparen. b) Die vielfältigen

4.2 Internationale Einflußfaktoren 65

industriepolitischen Aktivitäten des Staates, die zu einem großen Teil staatliche Technologiepolitik sind, leiten die innovativen Aktivitäten nicht nur oft fehl, sondern behindern auch den Prozeß des technischen Fortschritts (Klodt, 1987). (3) Die familienpolitischen Aktivitäten, die weniger die Investitionen in das Humankapital der Kinder fördern, sondern stärker an der Geburtenhäufigkeit ansetzen, erhöhen den Lebensstandard einer Gesellschaft nicht, sondern verringern ihn.

4.2 Inwieweit beeinträchtigen internationale Faktoren die Wettbewerbsfähigkeit?

Die Ursachen, weshalb die deutsche Wirtschaft weniger wettbewerbsfähig wird, müssen nun aber nicht nur „hausgemacht" sein, sie können auch darauf beruhen, daß sie auf den internationalen Märkten daran gehindert wird, die Vorteile der internationalen Arbeitsteilung effizient zu nutzen. Dies kann der Fall sein, weil der internationale Handel nicht wirklich frei ist und/ oder die Wechselkurse erratisch schwanken.

1. Es ist unbestritten, daß die protektionistischen Aktivitäten in den 70er Jahren weltweit zugenommen haben. Die eigentlich interessante Frage ist nun aber, wie die Bundesrepublik von diesem Anstieg der protektionistischen Aktivitäten getroffen wurde. Es spricht einiges dafür, daß weniger die großen westlichen Industriestaaten, sondern viel stärker die Entwicklungsländer — speziell die Schwellenländer — unter den Handelsbeschränkungen zu leiden haben (Finger-/Olechowski, 1987). Ein Grund ist darin zu sehen, daß vor

allem die „notleidenden" Branchen, die aber eher „Heckscher-Ohlin-Industrien" als „Schumpeter-Industrien" sind und über den inter-industriellen Handel in die internationale Arbeitsteilung eingebunden sind, nach protektionistischem Schutz rufen. Da aber die Bundesrepublik den weit überwiegenden Teil ihres Handels mit ähnlich entwickelten Volkswirtschaften abwickelt und dieser intra-industrielle Handel auch noch überwiegend innerhalb der von protektionistischen Maßnahmen freieren Europäischen Gemeinschaft stattfindet, ist sie von den protektionistischen Tendenzen weniger stark als andere Länder betroffen. Die Wettbewerbsfähigkeit der Bundesrepublik ist somit sicherlich nicht so stark gesunken, weil eine ineffiziente Welthandelsordnung die deutsche Wirtschaft daran gehindert hat, die Vorteile der internationalen Arbeitsteilung effizient zu nutzen. Dennoch besteht natürlich ein ordnungspolitischer Handlungsbedarf, die in vielen Bereichen unzulängliche internationale Handelsordnung effizienter zu gestalten.

2. Eine Volkswirtschaft kann die Vorteile der internationalen Arbeitsteilung möglicherweise auch dann nicht effizient nutzen, wenn die Wechselkurse so stark schwanken, daß sie die nationale und internationale Allokation der Ressourcen verzerren. Damit stellt sich aber die Frage, wie die Bundesrepublik in der Vergangenheit von stark schwankenden Wechselkursen betroffen wurde. Die Antwort auf diese Frage ist nicht ganz einfach. Allerdings zeigt ein Blick auf die Entwicklung der effektiven realen Wechselkurse, daß die DM gegenüber den wichtigsten anderen Währungen weniger stark schwankte als beispielsweise der amerikanische Dollar oder der japanische Yen. Der eigentliche

4.2. Internationale Einflußfaktoren

Grund dürfte darin zu sehen sein, daß die DM in den EWS-Wechselkursmechanismus eingebunden ist, der durch festere nominelle Währungsrelationen gekennzeichnet ist. Wenn man nun noch bedenkt, daß die deutschen Unternehmungen einen großen Teil des internationalen Handels mit Gütern und Diensten innerhalb der Europäischen Gemeinschaft abwickeln, dann werden die relativen Preise von schwankenden Wechselkursen wesentlich weniger verzerrt. Die Gefahr allokativer Verzerrungen scheint somit auch geringer.

Wenn man die Dinge so sieht, dann könnte man leicht den Eindruck gewinnen, daß die Gefahr allokativer Verzerrungen bei nominell festen Währungsrelationen geringer als bei flexiblen Wechselkursen sei. Dies ist aber ein Trugschluß. Wenn nämlich die relativen Preise auf den nationalen Märkten inflexibel und die Produktionsfaktoren immobil sind, dann müssen die unumgänglichen Anpassungen an Datenänderungen bei nominell festen Wechselkursen über veränderte Mengen erfolgen. Da man Arbeitslosigkeit möglichst verhindern will, erfolgt die Anpassung im allgemeinen über den monetären Kanal. Ein steigendes Preisniveau verzerrt aber bei unvollkommenen Güter- und Faktormärkten die relativen Preise und führt damit doch wieder zu allokativen Fehlentwicklungen. Die allokativen Verluste verschwinden nur dann, wenn die Güter- und Faktormärkte vollkommen sind. Dann ist es allerdings auch gleichgültig, welches Währungssystem man installiert (Baxter/Stockman, 1988). Ganz entscheidend sind somit auch in diesem Fall wieder die „hausgemachten" Faktoren.

4. Faktoren der deutschen Wettbewerbsfähigkeit

4.3 Wie beeinflußt die Wiedervereinigung Deutschlands die Wettbewerbsfähigkeit der deutschen Wirtschaft?

Seit Deutschland wieder vereinigt ist, muß man sich natürlich auch die Frage stellen, wie sich dies auf die Wettbewerbsfähigkeit der deutschen Wirtschaft auswirkt. Bei der Antwort auf diese Frage sollte man zwei Aspekte im Auge haben: 1) Wie beeinflußt der wirtschaftliche und politische Zusammenschluß der beiden deutschen Staaten die produktive Verwendung der vorhandenen Ressourcen? 2) Wie wirkt sich die Wiedervereinigung auf die verfügbare nationale Ressourcenbasis und damit auf das Wachstum der pro-Kopf-Einkommen aus? Neben den statischen interessieren somit vor allem die dynamischen allokativen Effekte der Wiedervereinigung.

1. Die sozialistische Kommandowirtschaft hat nicht nur die sektorale Struktur der ostdeutschen Volkswirtschaft, sondern auch die internationale Handelsstruktur stark verzerrt (Siebert, 1990, 15-16). Während der Anteil der Landwirtschaft und der Industrie sowohl am Output als auch der Zahl der Beschäftigten verglichen mit ähnlich entwickelten westlichen Ländern zu groß ausfiel, war der des Dienstleistungssektors zu klein. Die politische Koordination der wirtschaftlichen Aktivitäten verzerrte aber nicht nur die sektorale Struktur, sondern leitete die Ressourcen auch nicht in die produktivste Verwendung. Der mangelnde internationale Wettbewerb schuf falsche Anreize und führte dazu, daß die Produktion in den ostdeutschen Ländern über Jahrzehnte hinweg zu arbeitsintensiv erfolgte.

4.3. Einfluß der Wiedervereinigung Deutschlands

Aber auch die Struktur des internationalen Handels ist ganz erheblich verzerrt: Entsprechend dem nicht ökonomisch, sondern politisch bestimmten Spezialisierungsmuster des COMECON gingen fast die Hälfte der Exporte in die Länder des Ostblocks. Gleichzeitig verfolgte man wegen des chronischen Mangels an Devisen eine Strategie der Importsubstitution und versuchte, die Güterpalette der Weltwirtschaft so weit es ging selbst herzustellen. Es verwundert deshalb auch nicht, wenn der Offenheitsgrad der ostdeutschen Wirtschaft für eine Volkswirtschaft dieser Größe relativ gering ist. Da die Vorteile der internationalen Arbeitsteilung nur sehr bedingt genutzt wurden, kam es zu einer erheblichen Verschwendung von Ressourcen.

Die wirtschaftliche Integration der beiden deutschen Staaten kann für beide ökonomisch vorteilhaft sein. Wenn sich beide Volkswirtschaften gegenseitig stärker öffnen, die bestehenden Hemmnisse und Behinderungen auf den Güter- und Faktormärkten verringern, können sie zum einen die vorhandenen Unterschiede in der Ausstattung mit Faktoren besser ausbeuten. Da die westlichen Länder der Bundesrepublik besser mit Kapital und technischem Wissen ausgestattet sind, die östlichen Länder aber über relativ gut ausgebildete Arbeitskräfte und vor allem über Grund und Boden verfügen, können beide die Vorteile der internationalen Arbeitsteilung nutzen, wenn sie sich stärker als bisher spezialisieren. Neben diesen Vorteilen aus dem inter-industriellen Handel können sie daneben aber zum anderen auch verstärkt Gewinne erzielen, die sich aus „economies of scale" oder unterschiedlichen Produktqualitäten ergeben und den intra-industriellen Handel innerhalb der gesamten Bundesrepublik aber auch zwischen der Bundesrepublik und dem Rest der Welt begründen. Ob diese Vorteile wirklich genutzt werden, hängt entscheidend davon ab, inwieweit es gelingt, die Güter- und Faktormärkte zu öffnen und wettbewerblich zu gestalten. Dazu ist es aber nicht nur erforderlich, daß eine effiziente und stabile Struktur von Eigentumsrechten realisiert wird, sondern auch der Zugang zu den Märkten weder durch private Schranken noch durch ineffiziente staatliche Regulierungen beschränkt ist. Damit müssen aber zumindest drei Probleme gelöst werden: (1) Es muß dafür Sorge getragen werden, daß die nach wie vor bestehenden Unsicherheiten über die Eigentumsrechte möglichst schnell und effizient beseitigt werden. Die juristischen Unklarheiten und die enormen verwaltungstechnischen Schwierigkeiten lassen allerdings vermuten, daß diese Unsicherheiten andauern werden. Damit werden aber investive Entscheidungen negativ beeinflußt. (2) Es muß verhindert werden, daß große westliche Unternehmungen auch in Ostdeutschland den Zugang zu den Gütermärkten mit staatlicher Hilfe beschränken. Das Beispiel des Strommarktes zeigt allerdings, daß hier schon die ersten ordnungspolitischen Fehlentscheidungen getroffen und die wenig wettbewerblichen Strukturen des Westens auf den Osten übertragen wurden. (3) Man sollte vermeiden, die staatlichen Regulierungen auf Güter- und Faktormärkten, die sich schon in den westlichen Ländern als wenig effizient erwiesen haben, auf die östlichen Länder zu übertragen. Das Beispiel des Arbeitsmarktes zeigt allerdings, daß man offensichtlich nicht bereit ist, aus Fehlern zu lernen, die im Westen gemacht wurden. Die Einführung von extensiven Kün-

4.3. Einfluß der Wiedervereinigung Deutschlands 71

digungsschutzregelungen, teuren Sozialplanpflichten und die, gemessen an der Produktivität, viel zu hoch und zu wenig differenzierten Lohnabschlüsse schaffen keine neuen Arbeitsplätze. Sie tragen vielmehr dazu bei, daß Arbeitsplätze, die an für sich noch rentabel sein könnten, vernichtet werden und mögliche Spezialisierungsvorteile in den arbeitsintensiven Branchen nicht genutzt werden können.

Die Logik des politischen Prozesses läßt nun aber vermuten, daß diese regulierenden Eingriffe auf Güter- und Faktormärkten eher noch zunehmen werden. Die unumgängliche Umstrukturierung der maroden ostdeutschen Wirtschaft führt vor allem dann, wenn die relativen Preise wegen kartellähnlicher Tarifverhandlungen nicht entsprechend flexibel und die Produktionsfaktoren wegen wohlfahrtsstaatlicher Regelungen nicht ausreichend mobil sind, zu einem J-Kurven-Effekt bei Output und Beschäftigung (Siebert, 1990, 24-25). Dies löst bei den politischen Entscheidungsträgern weiteren Handlungsbedarf aus. Da man schnelle Erfolge an der Beschäftigungsfront braucht, wird man weniger auf marktliche, sondern vielmehr auf staatliche Lösungen setzen. Damit werden aber eher Maßnahmen wahrscheinlich, die über die Gewährung von Subventionen auf Güter- und Faktormärkten und weiteren interventionistischen Eingriffen des Staates ineffiziente Strukturen erhalten. Damit ist aber die Gefahr eines „Mezzogiorno-Syndroms" nicht mehr von der Hand zu weisen.

2. Der Wohlstand der wirtschaftlichen Akteure einer Volkswirtschaft wird aber nicht nur dadurch bestimmt, inwieweit es gelingt, einen gegebenen Bestand an Res-

sourcen in die produktivste Verwendung zu bringen, sondern vor allem auch dadurch, ob man in der Lage ist, die nationale Ressourcenbasis optimal zu erweitern. Die wirtschaftliche Integration der beiden deutschen Staaten kann diese dyamisch Effizienz aus mehreren Gründen erhöhen: a) Der Bestand an Realkapital in den ostdeutschen Ländern ist zu einem großen Teil nicht nur ökonomisch, sondern auch ökologisch obsolet. Während in den alten Bundesländern 30 % der industriellen Ausstattung älter als 10 Jahre ist, liegt der Anteil in den ostdeutschen Ländern fast doppelt so hoch (Siebert, 1990, 13). Da aber das neue Realkapital produktiver ist, kann man erwarten, daß die Kapitalproduktivität in den neuen Bundesländern höher ist und deshalb privates Kapital sowohl aus den alten Bundesländern als auch aus dem Ausland in die ostdeutschen Länder fließt. Die längerfristigen Wachstumsaussichten aufgrund der Akkumulation von Kapital sind somit grundsätzlich gut. b) Mit dem neuen produktiveren Realkapital steigen aber auch die Anforderungen an die Arbeitnehmer. Die Unternehmungen werden nicht nur hoch qualifizierte Arbeitnehmer zusammen mit dem Realkapital aus dem Westen holen, sie haben auch ein Interesse, die ostdeutschen Arbeitnehmer entsprechend höher zu qualifizieren. Der Aufbau des Realkapitalstocks in den ostdeutschen Ländern geht deshalb auch mit einer verstärkten Akkumulation von Humankapital einher. Damit wird aber ein höheres wirtschaftliches Wachstum um ein weiteres wahrscheinlich. c) Die Einführung einer marktwirtschaftlichen Ordnung und wettbewerbliche Strukturen auf den Märkten verstärken schließlich auch die Anreize der privaten wirtschaftlichen Akteure, Aktivitäten zu entfalten, mit denen sie innovative Vorsprungsgewinne erzielen kön-

4.3. Einfluß der Wiedervereinigung Deutschlands 73

nen. Wenn es richtig ist, daß vor allem intensive wettbewerbliche Prozesse die innovativen Aktivitäten erhöhen, kann auch von dieser Seite grundsätzlich mit höheren Wachstumsraten in den ostdeutschen Ländern gerechnet werden.

Diese positiven dynamischen allokativen Effekte, die nicht nur in den neuen Bundesländern auftreten, sondern auch die Wachstumsmöglichkeiten in den alten Ländern erhöhen können, werden ebenso wie die statischen Effekte aber wohl nur dann eintreten, wenn man einen adäquaten ordnungspolitischen Rahmen wählt. Damit kommt aber wiederum der Frage, wie effizient und stabil die Struktur der privaten Eigentumsrechte ist und ob der Zugang zu den Güter- und Faktormärkten tatsächlich frei ist, eine ganz entscheidende Bedeutung zu. Die beträchtlichen Friktionen, die im Prozeß der grundlegenden Umstrukturierung der ostdeutschen Wirtschaft noch entstehen werden, lassen allerdings vermuten, daß politische Lösungen die ökonomischen verdrängen. Damit steht aber zu befürchten, daß der ordnungspolitische Rahmen nicht effizient gesetzt wird. In diesem Falle wird weder Real- noch Humankapital in dem erforderlichem Umfang akkumuliert aber auch das technologische Wissen weder in dem erwünschten Ausmaß selbst geschaffen noch aus dem Westen transferiert. Damit können aber weder die erhofften positiven statischen, noch die dynamischen allokativen Effekte tatsächlich realisiert werden. Nur wenn die ökonomischen Lösungen die politischen dominieren kann man damit rechnen, daß die deutsche Wirtschaft durch die Wiedervereingung wettbewerbsfähiger wird. Die Chance besteht, die Frage ist nur, ob wir sie nutzen.

5. Was sollte und was kann man tun, um die Wettbewerbsfähigkeit zu stärken?

Wenn es richtig ist, daß Volkswirtschaften erfolgreich — wettbewerbsfähig — sind, sofern es ihnen gelingt, die Märkte wirklich offen zu halten, dann besteht die eigentliche Aufgabe der Wirtschaftspolitik darin, dafür Sorge zu tragen, daß sowohl auf nationaler als auch internationaler Ebene ein adäquater ordnungspolitischer Rahmen geschaffen wird. Wenn dies gelingt, werden nicht nur die ökonomischen Märkte wettbewerblicher, man alloziiert auch die Ressourcen wesentlich effizienter und schafft für ausländische Ressourcen die notwendigen Anreize, sich im Inland niederzulassen. Damit trägt man aber ganz entscheidend mit dazu bei, daß die Quellen des Wohlstandes nicht versiegen, sondern auch in Zukunft kräftig sprudeln.

Es wird somit notwendig, nicht nur die vielfältigen wettbewerbsbeschränkenden Aktivitäten auf nationaler Ebene zu verringern, sondern auch die weltweiten protektionistischen Anstrengungen zu begrenzen. Damit müßte aber auf nationaler Ebene nicht nur eine konsequente Wettbewerbspolitik verfolgt werden, um das wettbewerbsbeschränkende Verhalten privater Akteure auf Güter- und Faktormärkten zu vermindern, sondern es müßte auch dafür Sorge getragen werden, daß alle regulierenden Eingriffe des Staates abgebaut werden, die die Transaktionskosten erhöhen. Dazu zählen nicht nur die vielfältigen Interventionen auf den Güter-, Arbeits- und Kapitalmärkten (Deregulierungs-

5. Stärkung der Wettbewerbsfähigkeit

kommission, 1991), sondern auch viele der wenig effizienten staatlichen Eingriffe im Bereich der Systeme der sozialen Sicherung (Berthold, 1990c). Der Zielkonflikt zwischen Allokation, Wachstum und Verteilung ließe sich nämlich in vielen Fällen entschärfen, wenn man den wettbewerblichen Prozeß nicht beschränken, sondern vielmehr fördern würde: „Soziale Gerechtigkeit sollte man also durch Schaffung einer funktionsfähigen Gesamtordnung und insbesondere dadurch herzustellen suchen, daß man die Einkommensbildung den strengen Regeln des Wettbewerbs, des Risikos und der Haftung unterwirft" (Eucken, 1968, 317).

Aber auch auf internationaler Ebene müßte endlich eine ordnungspolitisch adäquate Lösung gefunden werden, um die protektionistischen Tendenzen umzukehren. Die sogenannten Selbstbeschränkungsabkommen, die in der Vergangenheit wie Pilze aus dem Boden schossen, sind ganz sicher nicht der richtige Weg. Aber auch regionale Freihandelszonen, wie beispielsweise die Europäische Gemeinschaft, sind nur dann wirklich sinnvoll, wenn sie keine zusätzlichen protektionistischen Schranken gegenüber Drittländern aufbauen. Notwendig wäre ein bedingungsloser Abbau aller Hemmnisse und Behinderungen im internationalen Handel mit Gütern und Dienstleistungen und bei der internationalen Wanderung der Produktionsfaktoren. Ob das GATT allerdings der geeignete Rahmen ist, scheint zumindest zweifelhaft, wenn man die langwierigen und bisher wenig erfolgreichen Verhandlungen der Uruguay-Runde betrachtet, die auch immer wieder daran scheitern, daß man sich über den amerikanischen und europäischen Agrarprotektionismus nicht einigen kann.

5. Stärkung der Wettbewerbsfähigkeit

Die eher bescheidenen Erfolge der Deregulierung sowohl auf nationaler als auch internationaler Ebene zeigen, daß die politischen Entscheidungsträger offensichtlich nicht bereit sind, sich auf einen effizienten ordnungspolitischen Rahmen zu einigen. Der Grund ist einfach: Demokratische Gesellschaften sind durch eine Vielzahl von kleinen, effizient organisierten Interessengruppen geprägt, die aktiv versuchen, einen möglichst großen Teil des gesamtwirtschaftlichen Kuchens zu erhalten. Die politischen Parteien, die um die Wählerstimmen konkurrieren, verfügen wegen unvollkommener politischer Märkte über diskretionäre Handlungsspielräume. Die Kunst der Politik besteht deshalb darin, möglichst viele verschiedene Interessengruppen zu gewinnen, sie beieinander zu halten und sich einzelne Gruppen nicht abspenstig machen zu lassen (Blankart, 1983, 157-158). Eine erfolgreiche Politik wird deshalb viele kleine Interessengruppen in der Gesellschaft begünstigen bzw. sie so wenig wie möglich belasten und die finanziellen Lasten möglichst unfühlbar auf die breite Masse der Bevölkerung verteilen oder aber, wenn dies möglich ist, auf das Ausland verlagern.

Damit kann aber nicht davon ausgegangen werden, daß die ordnungspolitischen Arrangements weder auf nationaler noch internationaler Ebene so gewählt werden, daß sie ökonomisch möglichst effizient sind. Es ist viel eher damit zu rechnen, daß die ordnungspolitischen Spielregeln von den spezifischen Interessen nationaler Verteilungskoalitionen dominiert werden (Berthold, 1990b). Das öffentliche Gut „liberale Wirtschaftsordnung" wird somit solange nicht effizient bereitgestellt, wie die politischen Märkte unvollkommen sind. Der eigentliche Ansatzpunkt ordnungspolitischer Aktivitä-

5. Stärkung der Wettbewerbsfähigkeit 77

ten sind deshalb nicht die unvollkommenen ökonomischen, sondern vielmehr die unvollkommenen politischen Märkte. Damit ist aber der Ansatzpunkt klar: Man muß verhindern, daß die politischen Entscheidungsträger diskretionäre Handlungsspielräume nutzen können. Dies erscheint aber nur möglich, wenn der Wettbewerb auf den politischen Märkten intensiver wird. Dieses Ziel ist grundsätzlich auf mehreren Wegen zu erreichen (Berthold, 1990b, 118-122). (1) Man kann versuchen, den Einfluß des einzelnen Wählers im politischen Prozeß zu stärken, um die Politiker zu zwingen, wieder stärker die Interessen des Gemeinwohls zu verfolgen. Dazu wäre es allerdings erforderlich, die politischen Märkte transparenter zu gestalten, indem man die Kosten regulierender Aktivitäten auf nationaler und internationaler Ebene aufdeckt und offenlegt, wer letztlich diese Lasten trägt. Eine weitere Möglichkeit besteht darin, die Kernelemente der international vereinbarten Handelsliberalisierungg in die nationale Verfassung aufzunehmen, damit die Wähler die eigene Regierung allein mit Hilfe der nationalen Gerichte zwingen könnten, ihren Vertragspflichten nachzukommen.

(2) Man kann darauf hinwirken, die Macht der organisierten Interessengruppen zurückzudrängen und damit die Nachfrage nach regulierenden Aktivitäten abzuschwächen. Der Einfluß nationaler Interessengruppen im politischen Prozeß kann beschnitten werden, wenn es zum einen gelingt, die politischen Zuständigkeiten zu verändern, indem man sie, wie beispielsweise in der Europäischen Gemeinschaft, geographisch ausdehnt. Wenn man die politischen Zentren verlagert und nationale Souveränitätsrechte an neue politische Insti-

tutionen abtritt, zerstört man möglicherweise strukturkonservierende Interessengruppen. Daneben kann man zum anderen aber auch versuchen, die nationalen Regierungen stärker und glaubwürdiger in liberale handelspolitische Vereinbarungen einzubinden. Auf diese Weise sollen ihnen die Hände für protektionistische Aktivitäten gebunden werden, wenn nationale Interessengruppen regulierende Eingriffe fordern.

(3) Schließlich kann man aber auch nach Strategien Ausschau halten, mit denen das Problem des „Trittbrettfahrerverhaltens" in großen Gruppen abgebaut wird. Dabei hat man am ehesten Erfolg, wenn man zum einen die Verhandlungen über den Abbau von regulierenden Eingriffen nicht Branche für Branche führt, sondern vielmehr globale Verhandlungslösungen anstrebt. In diesem Falle schwächt man die Schlagkraft der lobbyistischen Aktivitäten von Branchen, weil jede Branche nur daran interessiert ist, seine spezifischen Vorteile auch zu Lasten der anderen Branchen zu retten. Eine andere Möglichkeit besteht schließlich darin, auf den Wettbewerb zwischen regionalen Präferenzräumen mit relativ homogenen Interessen zu setzen. Der Druck von Konsumenten und Unternehmungen auf den politischen Märkten der benachteiligten Nicht-Mitglieder verstärkt für diese Länder die Anreize, entweder zu multilateralen Vereinbarungen mit den regionalen Clubs zu kommen oder aber selbst beizutreten. Wenn man sicherstellt, daß solche regionalen Clubs, wie beispielsweise die Europäische Gemeinschaft, für alle Länder offen sind, kann ein internationaler Wettbewerb unterschiedlicher regionaler Handelsordnungen die diskretionären Handlungsspielräume der politischen Entscheidungsträger verringern.

5. Stärkung der Wettbewerbsfähigkeit

Wir können somit als Fazit festhalten: Die deutsche Wirtschaft wird wettbewerbsfähig bleiben und ihre Bürger werden auch in Zukunft ein hohes Realeinkommen erzielen, wenn es zum einen gelingt, auf nationaler Ebene den ordnungspolitischen Rahmen so zu setzen, daß die Güter- und Faktormärkte offen bleiben und man zum anderen bereit ist, sich vorbehaltslos in die internationale Arbeitsteilung einbinden zu lassen. Der Wettbewerb auf nationaler und internationaler Ebene begrenzt den staatlichen Übermut, verhilft den Volkswirtschaften zu einem adäquaten ordnungspolitischen Rahmen und schafft somit die Voraussetzung für eine effiziente Allokation der Ressourcen.

Literatur

Arndt, S. W. und L. *Bouton* (1987): Competitiveness. The United States in World Trade. Washington, D. C. 1987

Artis, M. und T. *Bayoumi* (1989): Saving, Investment, Financial Integration, and Balance of Payments. IMF Working Paper WP/89/102. Washington, D. C. 1989

Bank für Internationalen Zahlungsausgleich (1991): 61. Jahresbericht 1990/91. Basel 1991

Barro, R. J. (1989): Economic Growth in a Cross-Section of Countries. NBER-Working Paper No. 3120. Cambridge, MA 1989

Baxter, M. und A. *Stockman* (1988): Business Cycles and the Exchange-Rate System: Some International Evidence. NBER-Working Paper No. 2689, Cambridge, MA 1988

Bayoumi, T. (1990): Saving-Investment Correlations. Immobile Capital, Government Policy or Endogenous Behaviour?, in: IMF Staff Papers, 37 (1990), S. 360-387

Ben-David, D. (1991): Equalizing Exchange: A Study of the Effects of Trade Liberalization. NBER-Working Paper No. 3706. Cambridge, MA 1991

Becker, G. S. (1988): Family Economics and Macro Behavior, in: American Economic Review, 78 (1988), S. 1-13

Becker, G. S. und K. M. *Murphy* (1988): The Family and the State, in: Journal of Law and Economics, 31 (1988), S. 1-18

Berthold, N. (1990a): Institutionelle Innovationen auf Kapital- und Versicherungsmärkten — Eine verteilungspolitische Aufgabe der Sozialpolitik, in: W. Fischer (Hrsg.), Währungsreform und Soziale Marktwirtschaft. Berlin 1990, S. 215-236

Berthold, N. (1990b): Internationale Koordination der Ordnungspolitik — Eine effiziente institutionelle Innovation, in: Jahrbuch für Neue Politische Ökonomie, 9 (1990), S. 108-125

Berthold, N. (1990c): Institutionelle Innovationen in der Sozialpolitik — Ein erfolgversprechender Weg zum Abbau wohlfahrtsstaatlicher Ineffizienzen?, in: P. Oberender u. a. (Hrsg.), Soziale und ökologische Ordnungspolitik in der Marktwirtschaft. Baden-Baden 1990, S. 28-67

Blankart, Ch. B. (1983): Warum wächst der Sozialstaat? Eine institutionelle Erklärung, in: P. Koslowski u. a. (Hrsg.), Chancen und Grenzen des Sozialstaates. Tübingen 1983, S. 154-160

Blattner, N. u. a. (1987): Voraussetzungen der schweizerischen Wettbewerbsfähigkeit: Möglichkeiten und Grenzen der empirischen Analyse, in: Schweizerische Zeitschrift für Volkswirtschaft und Statistik, 123 (1987), S. 391-414

Boskin, M. (1988): Tax Policy and Economic Growth: Lessons from the 1980s, in: Journal of Economic Perspectives, 2 (1988), S. 71-97

Denison, E. F. (1962): The Sources of Economic Growth in the United States and the Alternatives before Us. New York 1962

Denison, E. F. (1985): Trends in American Economic Growth, 1929-1982. New York 1985

Deregulierungskommission (1991): Marktöffnung und Wettbewerb. 2. Bericht. März 1991

Dornbusch, R. und J. *Frankel* (1988): The Flexible Exchange Rate System: Experience and Alternatives, in: S. Borner (Hrsg.), International Finance and Trade in a Polycentric World. Houndsmills u. a. 1988, S. 151-197

Eliasson, G. (1988): The International Firm: A Vehicle for Overcoming Barriers to Trade and a Global Intelligence

Organization Diffusing the Notion of a Nation. IUI Working Papers, 201, Stockholm 1988

Eucken, W. (1968): Grundsätze der Wirtschaftspolitik. 4. Aufl., Tübingen 1968

Feldstein, M. (1983): Domestic Saving and International Capital Movements in the Long Run and Short Run, in: European Economic Review, 21 (1983), S. 129-151

Feldstein, M. und P. *Baccheta* (1989): National Saving and International Investment. NBER-Working Paper No. 3164. Cambridge, MA 1989

Feldstein, M. und Ch. *Horioka* (1980): Domestic Saving and International Capital Flows, in: Economic Journal, 90 (1980), S. 314-329

Finger, M. und A. *Olechowski* (1987): Trade Barriers: Who Does What to Whom, in: H. Giersch (Hrsg.), Free Trade in the World Economy. Tübingen 1987, S. 37-71

Fischer, S. (1988): Monetary Policy and Performance in the U.S., Japan, and Europe, 1973-1986, in: Y. Suzuki u. a. (Hrsg.), Toward a World of Economic Stability: Optimal Monetary Framework and Policy. Tokyo 1988, S. 121-154

Frankel, J. (1989): Quantifying International Capital Mobility in the 1980s. NBER-Working Paper No. 2856. Cambridge, MA 1989

Frenkel, J. (1989): Turbulence in the Foreign Exchange Markets and Macroeconomic Policies, in: F. Capie und G. E. Wood (Hrsg.), Monetary Economics in the 1980s. London 1989, S. 57-79

Gerschenkorn, A. (1952): Economic Backwardness in Historical Perspective, in: B. F. Hoselitz (Hrsg.), The Progress of Underdeveloped Areas. Chicago 1952

Giersch, H. (1989): Anmerkungen zum weltwirtschaftlichen Denkansatz, in: Weltwirtschaftliches Archiv, 125 (1989), S. 1-16

Grossman, G. M. (1990): Explaining Japan's Innovation and

Trade: A Model of Quality Competition and Dynamic Comparative Advantage, in: Bank of Japan Monetary and Economic Studies, 8 (1990), S. 75-100

Grossman, G. M. und E. *Helpman* (1990): Trade, Knowledge Spillovers, and Growth. Discussion Paper No. 156. Woodrow Wilson School. Princeton University. Princeton, NJ 1990

Jorgenson, D. W. (1990): Comment, in: Brooking Papers on Economic Activity, Microeconomics, (1990), S. 407-412

Jürgensen, H. (1986): Internationale Wettbewerbsfähigkeit deutscher Unternehmen — Bestandsaufnahme und Zukunftsperspektiven, in: Hamburger Jahrbuch für Wirtschafts- und Gesellschaftspolitik, 31 (1986), S. 241-250

Klodt, H. (1987): Wettlauf um die Zukunft. Technologiepolitik im internationalen Vergleich. Kieler Studien, 206, Tübingen 1987

Klodt, H. (1990): Technologietransfer und internationale Wettbewerbsfähigkeit, in: Außenwirtschaft, 45 (1990), S. 57-79

Klodt, H. u. a. (1989): Weltwirtschaftlicher Strukturwandel und Standortwettbewerb. Tübingen 1989

Krugman, P. (Hrsg.) (1986): Strategic Trade Policy and the New International Economics. Cambridge, MA 1986

Krugman, P. (1987): Is Free Trade Passé?, in: Journal of Economic Perspectives, 1 (1987), S. 131-144

Krugman, P. (1991): The Age of Diminished Expectations. Cambridge, MA u. a. 1991

Lal, D. (1990): Comment, in: H. Siebert (Hrsg.), The Completion of the Internal Market. Tübingen 1990, S. 50-52

Leipold, H. (1989): Neuere Ansätze zur Weiterentwicklung der Ordnungstheorie, in: Jahrbuch für Neue Politische Ökonomie, 8 (1989), S. 13-29

Maas, Chr. (1990): Determinanten betrieblichen Innovationsverhaltens. Theorie und Empirie. Berlin 1990

Marston, R. (1988): Exchange Rate Policy Reconsidered, in: M. Feldstein (Hrsg.), International Economic Cooperation. Chicago u. a. 1988, S. 79-136

Murphy, K. M., A. *Shleifer* und R. W. *Vishny* (1990): The Allocation of Talents: Implications for Growth. NBER-Working Paper No. 3530. Cambridge, MA 1990

Orlowski, D. (1982): Die internationale Wettbewerbsfähigkeit einer Volkswirtschaft — Konzeptionelle Grundlagen und empirische Messung einer wirtschaftspolitischen Zielgröße. Göttingen 1982

Porter, M. E. (1990): The Competitive Advantage of Nations. New York 1990

Romer, P. M. (1990): Capital, Labor, and Productivity, in: Brooking Papers on Economic Activity, Microeconomics, (1990), S. 337-367

Rotemberg, J. J. und G. *Saloner* (1990): Competition and Human Capital Accumulation: A Theory of Interregional Specification and Trade. NBER-Working Paper No. 3228. Cambridge, MA 1990

Sala-i-Martin, X. (1990): Lecture Notes on Economic Growth. NBER-Working Paper No. 3563 und 3564

Siebert, H. (1990): The Economic Integration of Germany — An Update. Kieler Diskussionsbeiträge 160a. Kiel 1990

Sinn, St. (1989): Internationale Wettbewerbsfähigkeit von immobilen Faktoren im Standortwettbewerb. Arbeitspapier Nr. 361. Institut für Weltwirtschaft. Kiel 1989

Soltwedel, R. u. a. (1990): Regulierungen auf dem Arbeitsmarkt der Bundesrepublik. Tübingen 1990

Steinmann, G. (1990): Bevölkerung, Ressourcen und Ernährung, in: Felderer, B. (Hrsg.), Bevölkerung und Wirtschaft. Berlin 1990, S. 577-591

van Suntum, U. (1986): Internationale Wettbewerbsfähigkeit einer Volkswirtschaft, in: Zeitschrift für Wirtschafts- und Sozialwissenschaft, 106 (1988), S. 495-507

Literatur

Vaubel, R. (1990): Kommentar, in: E. Kantzenbach (Hrsg.), Probleme der Internationalen Koordination der Wirtschaftspolitik. Berlin 1990, S. 71-77

Vernon, R. (1979): The Product Cycle Hypothesis in a New International Environment, in: Oxford Bulletin of Economics and Statistics, 41 (1979), S. 255-267

Vollmer, R. (1986): Die internationale Wettbewerbsfähigkeit — Kritische Analyse eines heute viel verwendeten Begriffs, in: H. Kuhn (Hrsg.), Probleme der Stabilitätspolitik. Göttingen 1986, S. 199-215

Weber, M. (1923): Wirtschaftsgeschichte. München u. a. 1923

v. Weizsäcker, C. C. (1988): Deregulierung und Privatisierung als Ziel und Instrument der Ordnungspolitik, in: O. Vogel (Hrsg.), Deregulierung und Privatisierung. Köln 1988, S. 11-20

Zimmermann, K. F. (1990): F + E-Ausgaben und Produktivitätsentwicklung — Ein Überblick über neuere empirische Untersuchunge, in: B. Gahlen (Hrsg.), Marktstruktur und gesamtwirtschaftliche Enwicklung. Berlin u. a. 1990, S. 231-248

Printed by Libri Plureos GmbH
in Hamburg, Germany